Bruxelles – Paris
http ://www.editionsjourdan.com
Les Éditions Jourdan sont sur Facebook. Venez dialoguer avec nos auteurs, visionner leurs vidéos et partager vos impressions de lecture.
ISBN : 978-2-87466-217-1 – EAN : 9782874662171

Dépôt légal : D/2014/9685/13

Photos : REPORTERS Press Agency

DE JESSE OWENS À LIONEL MESSI

LES 100 PLUS GRANDS SPORTIFS DE TOUS LES TEMPS

RENÉ TAELMAN

EN COLLABORATION AVEC
PIERRE BILIC, DANIEL DEVOS, MAURICE LOISEAU

Préface

Dans cet ouvrage, consacré aux grands exploits sportifs de par le monde, il me tenait à cœur d'apporter quelques précisions quant à ceux qu'on appelle communément les aventuriers de l'extrême. Contrairement à une certaine image reçue, ces derniers ne sont ni des fous ni des illettrés. La plupart d'entre eux sont d'ailleurs en possession d'un diplôme universitaire, sont mariés et ont des enfants.

Ces hommes, en quête de l'impossible, apportent au contraire une réponse à nos existences quotidiennes marquées pour beaucoup par un manque évident de projets et par une perte incontestable des valeurs. Et ce n'est pas l'Internet et ses réseaux sociaux, le téléphone portable et une certaine modernité, véritables fléaux culturels pour certains, qui peuvent constituer une alternative à un certain mal-être existentiel.

Lorsque le Sud-Africain Mike Horn effectue le tour du cercle polaire arctique, qui lui prendra plus de deux ans, ou que l'Italien Reinhold Messner gravit les quatorze sommets de plus de huit mille mètres de l'Himalaya, en solitaire et sans apport d'oxygène, ils ont, non seulement dû accomplir des efforts physiques exceptionnels, mais ils ont été obligés de puiser au plus profond de leur capacité sur le plan mental et psychologique. Connaissance parfaite de soi, préparation ultra-minutieuse et professionnelle et respect des éléments naturels, voilà autant de qualités sans lesquelles ces conquérants de l'inutile n'auraient tout simplement pas pu atteindre leurs objectifs, ni même peut-être survivre dans des situations ou à des conditions extrêmes.

René Taelman

Introduction

Rêver un impossible rêve
Porter le chagrin des départs
Brûler d'une possible fièvre
Partir où personne ne part

Voici un magnifique peloton de cent champions, choisis parmi tant d'autres, qui, comme Jacques Brel à bord de son Askoy II, ont lâché les amarres. Ils fréquentèrent les courants de l'exploit hier, ou font encore acte de présence aujourd'hui sur les scènes de tous les théâtres du sport. Plusieurs sont très connus, certains ne s'attardent guère sur les podiums.

Choisir, c'est difficile et d'autres mériteraient de figurer aux premières loges de notre panthéon pour s'être accroché comme des naufragés aux ailes du vent. C'est le cas du Suisse Ueli Steck, qui a gravi, en 2013, en moins de 28 heures et en solitaire, la face sud de l'Annapurna. En 1991, la Française Isabelle Autissier, elle, a été la première femme à avoir accompli à la voile le tour du monde seule et sans escale. Le Marocain Lhacen Ahansal a remporté dix fois le Marathon des Sables, dans le Sud marocain, soit 240 kilomètres en 6 étapes et en autosuffisance alimentaire.

Telle est ma quête
Suivre l'étoile

Beaucoup, du marin au boxeur, de l'automobiliste à l'aventurier, sur les mers les plus dangereuses ou les pelouses de football parfaitement coiffées, ont forcé le respect, secoué les certitudes, suscité le débat, changé les mentalités. Qui aurait pu imaginer qu'un alpiniste ou un champion cycliste, par exemple, parti de rien, puisse lutter contre des certitudes religieuses ?

Tous n'ont pas maîtrisé le langage universel de la popularité, loin de là: ce n'est pas l'essence de leur attitude quand ils se mesurent aux océans, à la montagne, aux déserts, aux cieux, au froid, à la faim, à la soif, à la peur, à la solitude, à la mort. Ils ont reculé les frontières de la souffrance pour réaliser le grand dessein de leur existence. Qu'ils vivent sous les feux de la rampe ou pas, beaucoup, à leur façon, ont donné, à un moment ou tout au long de leur carrière, une autre dimension au sport dans sa forme la plus pure, loin des dérives de l'argent roi.

Pour atteindre à s'en écarter
Pour atteindre l'inaccessible étoile...

René Taelman, Pierre Bilic, Daniel Devos, Maurice Loiseau

ABDUL-JABBAR Kareem

Mais oui, ils sont légion les basketteurs américains « stratosphériques » ! Et de toutes les époques. Né en 1947 à New-York, enfant unique d'une famille très catholique (qui ouvrira de grands yeux plus tard devant l'orientation religieuse de son fils), Kareem portait encore à ce moment le même nom et le même prénom que son père, policier : Lewis Alcindor, originaire de l'île de Trinidad. Une famille au style austère, mais qui lui enseigna la fierté, l'honneur, la discipline et la dignité. Exceptionnel, déjà, à 12 ans, puisqu'il mesure 1m86 et à 14 ans, il « dunke » au panier grâce à ses 2m03 !

Études à la Power Memorial High School, avec un solide palmarès à son actif pour le basket : 2067 points marqués et 2002 rebonds durant ses années dans ce lycée. Floraison d'offres d'engagement à l'étage supérieur, bien sûr et Lew porte son choix sur l'autre côté de l'Amérique, à l'Université de Los Angeles et plus précisément l'équipe des UCLA Bruins, en 1966. Il y poursuit son ascension (qui le mènera sous la toise à 2m18) et, trois ans plus tard, à 22 ans, il entre en ligue professionnelle, aux Milwaukee Bucks. Trois ans plus tôt, il a refusé une offre d'un million de dollars aux Harlem Globe Trotters et délaissé le catholicisme pour l'islam, à l'image d'un autre célèbre contestataire de la société américaine, Cassius Clay, alias Mohamed Ali. C'est assez mal pris par le public, mais cela ne l'empêche pas d'être d'entrée de jeu le meilleur marqueur de la NBA avec une moyenne de 34,8 points par match. Kareem Abdul-Jabbar passe six saisons prestigieuses à Milwaukee, brillant particulièrement par son fameux « bras roulé », une technique qu'il a lancée : tirer vers l'anneau d'une main au-dessus de la tête et se servir de l'autre main pour se protéger du défenseur. Il en fera des dégâts, avec ce geste, d'autant plus réussi grâce sa taille hors du commun !

En 1975, il provoque la rage de ses supporters des Bucks, à qui il promettait toujours de remporter le titre, en optant subitement pour un transfert aux Lakers de Los Angeles, l'un des plus grands clubs du monde. Il confirme sur la côte Ouest : 1er marqueur, 1er rebounder, 1er contreur de sa nouvelle équipe, ou franchise comme l'on dit là-bas. Dix années de plus de domination, d'exploits, de statistiques affolées. Au terme de la saison 94-85, à 37 ans, Kareem est encore et toujours le joueur n° 1 de son équipe ! Il arrête le 13 juin 1989 au stade d'Inglewood, dans « sa » salle, pleine comme un œuf et où le public lui réserve une interminable « standing ovation », la langue anglaise disant bien mieux les choses que notre simple « ovation ». Il a 42 ans et il joue en NBA depuis 20 ans, ce qu'aucun autre basketteur n'a jamais réalisé dans l'histoire.

Caractéristique de Kareem : son souci de rester athlétique, à l'image de son père, le flic new-yorkais. Tout jeune, il est adepte des arts martiaux, puis du taï-chi et du yoga. Il l'a pratiqué sans interruption, déclarant : « Mes amis me disent que si j'ai pu jouer aussi longtemps, c'est parce que j'avais conclu un accord avec le diable. Mais non, c'est grâce au yoga. Il m'a appris à contrôler ma respiration, tout petit déjà. Le yoga est une médecine préventive inégalable. Je n'ai pas connu de blessures importantes dans ma carrière, alors que le basket au niveau NBA est si exigeant physiquement. Rien aux genoux, rien aux chevilles, aux muscles, aux tendons. Grâce au yoga... »

Lorsqu'il quitte les Lakers, il s'occupe des enfants en Californie. Les siens, bien sûr, mais aussi les petits dans les écoles, à qui il conseille avant tout de poursuivre leurs études, car l'orientation sport ne garantit rien. Dans le cadre de ses actions de bienfaisance, il va même enseigner le basket dans la réserve indienne de Fort Apache. Il entraîne, il coache à gauche et à droite, avec des fortunes diverses. Mais la sienne est faite, avec sa carrière sportive, ses contrats publicitaires, ses conférences, ses livres (9, dont un ouvrage consacré à... un bataillon US de tanks!). Il participe à des films hollywoodiens, avec Bruce Lee pour le karaté et joue même un rôle assez important, dans la comédie bien connue « Y-a-t-il un pilote dans l'avion? » En 2012, Hillary Clinton le nomme ambassadeur de la culture auprès du président des États-Unis, Barrack Obama. L'« intérieur » des Lakers reste aussi et peut-être pour l'éternité parce qu'il a « tenu » 20 ans en NBA, le meilleur marqueur de l'histoire, avec ses 38 387 points inscrits. Et quel palmarès : 3 fois champion universitaire, 6 fois champion des États-Unis, 6 fois meilleur joueur US. Une vraie bête du basket-ball, au sens noble du terme...

ABEBE Bikila

Jeux olympiques de Rome, 10 septembre 1960. Avant-dernière journée et épreuve de marathon. Les favoris se nomment Suarez (Argentine), Rhadi (Maroc), Popov (URSS), Vorobiev (URSS) et Vandendriessche (Belgique). Dès le départ de l'épreuve, sous une chaleur accablante, même si elle se déroula en nocturne, le Marocain Rhadi prit la tête de la course, suivi par l'Éthiopien Bikila Abebe, illustre inconnu jusque-là. Les deux hommes ne se quittèrent plus jusqu'à un kilomètre et demi de la ligne d'arrivée, à l'arc de Constantin où il y avait l'obélisque d'Axe, une œuvre d'art pillée par les troupes italiennes d'occupation en Éthiopie et ramenée à Rome[1]. C'était le point de repère pour déclencher l'attaque finale décidée par Bikila et son entraîneur, le Suédois Onni Niskanen. En fait, une dernière portion de parcours en légère pente. Rhadi ne put s'opposer au finish de son adversaire et le public fut stupéfait lorsqu'il vit se pointer en première position un athlète noir qui, de plus, courait pieds nus. Il venait d'assister à l'avènement d'un superchampion qui allait par la suite faire émerger les couleurs de son continent. C'était aussi la première fois qu'un athlète d'Afrique noire remportait une médaille olympique. Le record précédent détenu par le Russe Sergei Popov, en 2 heures, 15 minutes et 17 secondes, était égalé ! À peine imaginable. Rhadi, quant à lui, termina à 25 secondes du vainqueur. Devenu une véritable légende après cet extraordinaire succès, Abebe Bikila allait ouvrir la voie des coureurs de fond africains qui, depuis lors, ont trusté une majorité de titres en demi-fond et en courses de fond.

Abebe Bikila est né le 7 août 1932, à Jato, en Éthiopie, et est décédé le 25 octobre 1973, à Addis-Abeba. Il est issu d'une famille

1. L'obélisque d'Axe a été restitué en 2005 par l'Italie à la ville d'Aksoum, en Éthiopie.

de paysans et cumule l'activité de berger avec celle d'étudiant, jusqu'à l'âge de 17 ans ; afin de subvenir à ses propres besoin et ceux de sa famille, il s'engagea alors dans la garde impériale du négus Hailé Sélassié. Ce n'est qu'en 1959, à l'âge de 27 ans, et alors qu'il était déjà marié et père de famille, qu'il fut repéré par la fédération éthiopienne d'athlétisme. Car, entretemps, il s'était mis à la course à pied. Il sera, dès ce moment, pris en main par un certain Onni Niskannen, Suédois, membre de la Croix Rouge et passionné d'athlétisme. Niskannen soumit alors Bikila à un entraînement bien encadré et varié et fit preuve de patience pour transformer un coureur instinctif et indompté en une fine mécanique aux foulées feutrées mais courant toujours pieds nus, car avec des chaussures il avait des ampoules ! En 1960, à l'occasion des sélections olympiques éthiopiennes, Bikila ne termina qu'en quatrième position mais fut repêché à cause d'une blessure de l'un de ses concurrents. Deux mois avant les Jeux, il remporta son premier marathon officiel dans un temps médiocre. Mais, au fil des semaines, ses performances s'améliorèrent et il porta son record personnel à 2 heures 21 minutes et 23 secondes juste avant les Jeux olympiques de Rome. Quatre ans plus tard, alors qu'il s'était minutieusement préparé pour le marathon des Jeux de Tokyo, deux problèmes vinrent contrecarrer son programme. Il fut d'abord accusé d'avoir participé à un complot visant le renversement du gouvernement et fut incarcéré plusieurs semaines en prison, avant d'être blanchi et libéré. D'autre part, le 16 septembre 1964, soit un mois à peine avant l'ouverture des Jeux, il fut opéré d'une appendicite, ce qui perturba sérieusement sa préparation. Bikila se rétablit néanmoins plus rapidement que prévu et était fin prêt le jour du départ du marathon. Dès le coup d'envoi de celui-ci, il prit la tête de la course, lâcha progressivement tous ses concurrents et pénétra dans l'enceinte du stade olympique, ovationné par 75 000 spectateurs, en établissant un nouveau record du monde avec un temps de 2 heures 12 minutes et 11 secondes. Ses premiers poursuivants franchirent la ligne d'arrivée quatre minutes plus tard. C'était aussi la première fois qu'un athlète remportait deux titres consécutifs en marathon.

Il faut préciser également que depuis quelque temps Bikila avait commencé à courir avec des chaussures !

Abebe Bikila fut évidemment fêté comme un héros national à son retour en Éthiopie et nommé capitaine dans la garde impériale pour son extraordinaire performance. Quelques mois plus tard, ce fut malheureusement le drame. Au volant d'une voiture qui lui avait été offerte par l'empereur Hailé Sélassié en personne, il manqua un virage, près d'un village situé à 70 kilomètres d'Addis-Abeba. Son véhicule bascula dans un ravin et il resta prisonnier de celui-ci durant toute la nuit avant d'être découvert par un berger. Victime d'une fracture de la colonne vertébrale, il fut transporté d'urgence à Londres dans l'avion personnel du Négus. Il subit alors de nombreux traitements, luttant contre la mort, et il perdit en fin de compte l'usage de ses jambes. Habité toujours par son éternel esprit de compétition, il s'engagea alors dans les courses pour paraplégiques et remporta même de nombreux succès.

Premier héros d'Afrique noire et incarnation de la modestie et du courage, le destin marqua une nouvelle fois cette figure légendaire lorsqu'en octobre 1973, à l'âge de 41 ans, il mourut d'une hémorragie cérébrale. Probablement consécutive à son grave accident de la route. Un dernier hommage lui fut rendu lors de ses obsèques auxquelles assistèrent près de 70 000 personnes en pleurs.

AGOSTINI Giacomo

S'il est un sport éminemment dangereux, c'est bien le motocyclisme de vitesse. Jetez un regard sur la retransmission d'un Grand Prix et vous aurez froid dans le dos. Pour eux, les pilotes! Alors quand un champion sort indemne d'une carrière de neuf ans où il a remporté 15 titres mondiaux (7 en 350 cc, 8 en 500 cc, record mondial), où il a signé 311 victoires, dont 123 en Grand Prix, on ne peut qu'admirer sa classe, sa science du pilotage... et certainement aussi un peu sa chance. Giacomo Agostini (né à Brescia en 1972) a connu tout cela.

Son père, gros industriel, ne voulait pas qu'il devienne pilote moto de vitesse. Mais c'est aussi de sa faute si son fils a choisi cette voie, car il lui avait déjà offert une Bianchi 48 cc pour ses 9 ans! Et une 125 cc l'année suivante.

Entre 1968 et 1976, Giacomo va dominer sans beaucoup de concessions les catégories de 350 et 500 cc, dans un « Continental Circus » où ses deux principaux adversaires ne sont certes pas des inconnus, Phil Read (qui fut son coéquipier et avec lequel il eut quelques différends) et son ami Mike Hailwood. « Ago » fut longtemps le seul pilote sur lequel la firme Agusta avait investi, mais elle ne le regretta pas, car il fut le brillant ambassadeur de l'usine partout dans le monde. Ce qui ne l'enchantait pas toujours : « Je dispose d'une équipe formidable autour de moi, toute dévouée, mais la pression que cela m'impose est lourde à porter, car on s'attend toujours à ce que je gagne. »

Gagner, il le fera aussi et à dix reprises dans ce que l'on considère comme la course la plus dangereuse de la moto : le Trophée de l'île de Man, sur des routes bosselées, étroites, bordées de maisons et d'arbres. Une épreuve, hélas, trop souvent meurtrière.

Un médecin et professeur italien qui fait autorité a étudié...le cerveau de Giacomo et il a déclaré : « Son équilibre cérébral est tellement développé qu'il aurait fait un parfait cosmonaute. » Il ne faut pas croire, cependant, que le fabuleux palmarès d'Ago se soit bâti sur un coup de pouce. Dans la biographie qui lui est consacrée, intitulée « La fureur de vaincre », il confesse : « Vous n'imaginez peut-être pas la fatigue, la peur, les déceptions et l'amertume que j'ai dû affronter avant de figurer sur la ligne de départ de mon premier Grand Prix. » Ce qui fut le cas, on l'imagine, de la majorité des pilotes, en sports moteurs.

À l'intention de tous les jeunes gens intéressés par la course et désireux d'y forcer leur entrée, il prévenait : « La moto, c'est comme un cheval : tu la montes et tu la guides. Mais c'est aussi quelque chose de très dangereux. Il faut être deux fois plus vigilant et avoir quatre yeux. C'est un peu comme un pistolet chargé; le coup peut partir très vite... »

Du succès, le bel Ago en rencontra aussi pour sa prestance, auprès du public : élégant, sourire de star du ciné, qualifié par ses fans de « charmant et flamboyant », il fut l'ambassadeur d'Agusta, puis de Yamaha. Et aujourd'hui encore, on le rencontre régulièrement sur les circuits ou dans les présentations officielles des compétitions et des nouvelles créations. Un film a été tourné où il interprète son propre rôle, une fiction et pas un documentaire, avec le pilote français Baldé, « Le cheval de fer », dont l'action se déroule, romance à l'appui avec un tel beau gosse évidemment, dans le milieu des Grand Prix moto. Normal, il en fut la légende. Cet extraordinaire pilote, au sens propre du qualificatif, est resté l'homme affable, gentil, disponible, volontiers conseilleur, qu'il était durant ses années de compétition. En quittant la moto, en 1977, il avait tenté un essai sur quatre roues, mais il n'avait pas insisté. Sa passion reste fixée sur les deux-roues : il ne rate pas un grand rendez-vous dans le monde où l'on bichonne les motos anciennes !

ANQUETIL Jacques

Le temps que Jacques Anquetil maîtrisait avec le talent des plus grands horlogers ne lui appartient plus depuis le 18 novembre 1987. Il avait 53 ans lors de la dernière étape du tour de sa vie, terme d'une existence à nulle autre pareille. Le Normand ne faisait qu'un avec son vélo, semblait glisser sur les routes les plus diverses, rubans plats ou accidentés, fendait le vent avec une aisance seigneuriale, élégant dans des pelotons ne jurant que par la puissance.

On l'appelait Maître Jacques ou la Caravelle, bel avion qui striait joliment tous les cieux. À l'heure de l'exercice contre le chrono, il s'élevait au rang d'artiste de haut vol maîtrisant les problèmes de la solitude pour tempérer ou accélérer le coup de pédale au moment le plus indiqué. Sa classe et sa science de la course lui rapportèrent cinq Tours de France (1957, 1961, 1962, 1963, 1964), le Tour d'Italie en 1960 et 1964, la Vuelta 1963, Liège-Bastogne-Liège 1966, Gand-Wevelgem 1964, Bordeaux-Paris 1965, neuf Grands Prix des Nations de 1953 à 1966, Paris-Nice 1957, 1961, 1963, 1965, 1966, Dauphiné Libéré 1963, 1965, etc…

Ses duels avec Raymond Poulidor passionnèrent et divisèrent la France. La réserve du Normand, qualifié de personnage hautain, parfois sifflé, était encore plus saisissante quand il croisait le fer avec Poupou, éternel dauphin au bout de la course, mais premier dans le cœur des amoureux de la Petite Reine, toujours porté aux nues. La Grande Boucle a une dette éternelle envers ces champions. Leur duel lors de l'ascension du puy de Dôme en 1964 restera à jamais gravé dans les mémoires. Anquetil serait-il devenu Anquetil sans la résistance et la bravoure de Poulidor ? Et ce dernier aurait-il atteint les plus hauts sommets de la popularité s'il était parvenu à arracher un seul maillot jaune à l'appétit de son ennemi normand ? Cinq Tours de France : cette récolte restera à jamais la première moisson biblique en jaune. Mais si ce grand prêtre du sport y multiplia les miracles, il n'oublia jamais de citer deux autres exploits en retraçant les grands moments de sa carrière. Le 19 juin 1966, il pulvérisa le record de l'heure de Fausto Coppi en parcourant la distance de 46, 159 km.

Un an avant ce rendez-vous avec lui-même, il tenta un pari fou. Son directeur sportif, Raphaël Géminiani, l'incita à prendre part à Bordeaux-Paris quelques heures après avoir terminé le Dauphiné Libéré, soit passer de la montagne à la plaine, d'une épreuve par étapes à un raid de plus de 600 km. De la folie pure. Un défi imaginé pour donner plus d'allure encore aux futurs cachets de Maître Jacques, déjà riche propriétaire terrien en Normandie ?

Janine était certaine que le champion de son cœur était capable d'aller au bout de cette aventure qui, aujourd'hui, susciterait l'admiration des cracks du triathlon. Après avoir empoché le Dauphiné Libéré, Anquetil prit possession de son bouquet de fleurs et de compliments, rencontra la presse avant de foncer en voiture vers l'aéroport de Nîmes. Un avion l'attendait. La légende affirma rapidement que c'était le Mystère 29 du général de Gaulle.

Le coureur eut à peine le temps de fermer l'œil durant ce saut de puce. À Bordeaux, il retrouva sa valise, ses esprits, son vélo et... la nuit. Il faisait un noir d'encre sur le coup de minuit quand un peloton de martiens s'envola pour la Ville Lumière. Anquetil eut du mal à trouver le bon rythme face à des adversaires reposés, spécialement préparés pour la cause. À mi-course, les coureurs passèrent à la vitesse des dernys[1]. Protégés et emmenés par les pilotes des motos, ils atteignirent une belle vitesse de croisière. Comme ses challengers, le Normand tira la langue en changeant de rythme pour rouler à plus de 50 km/h. La mécanique humaine hoqueta et Anquetil songea certainement à mettre pied à terre

Le petit matin le rassura, lui apporta un autre regard sur ce qui l'attendait encore et de nouvelles jambes. Et Paris le regardait, de loin certes, avec des yeux admiratifs. La Caravelle creusa une différence gagnante dans la vallée de Chevreuse. Le public lui réserva une ovation au Parc des Princes. En neuf jours, vainqueur du Dauphiné Libéré et de Bordeaux-Paris, il déroula un fil de 2500 km. Personne n'osa jamais se lancer dans un tel doublé. Monsieur Chrono se retira sur ses terres normandes en 1966. Riche et doté d'un palmarès 24 carats, Anquetil brisa l'omerta en parlant ouvertement du dopage. Il n'avait que 53 ans quand un cancer de l'estomac lui joua un mauvais tour.

1. Le dernys est une petite moto légère d'entraînement pour cycliste. On y fixe un rouleau à la roue arrière.

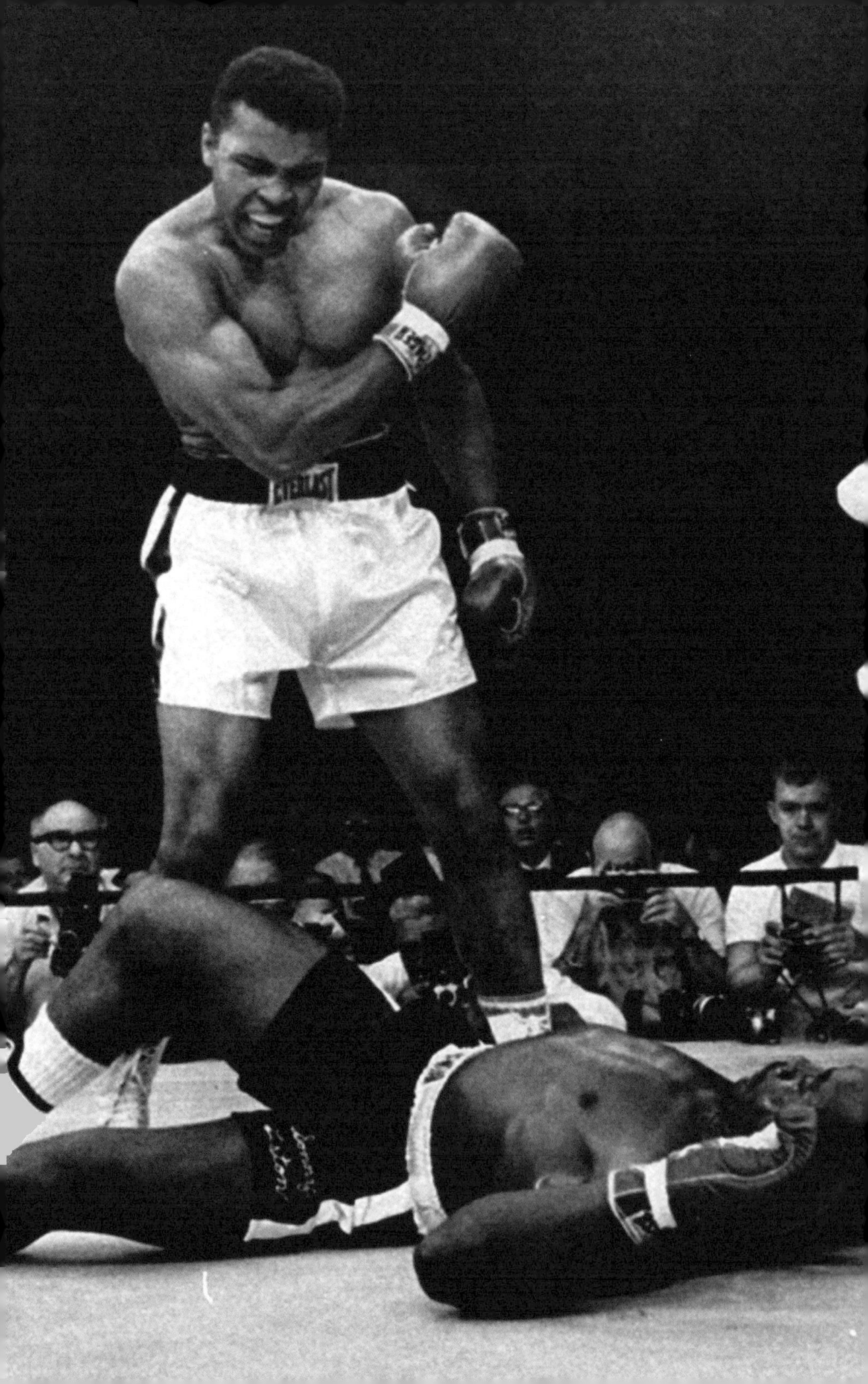

ALI Mohamed

Lorsqu'un vieil homme tremblotant apparaît lors de la cérémonie d'ouverture des JO de Londres, en 2012, c'est une légende de la boxe que l'on a sous les yeux. Demandez aux gens de désigner un boxeur qui les a marqués, la plupart répondront: Mohamed Ali.

Né le 17 janvier 1942 à Louisville, dans le Kentucky, Cassius Clay prit le nom de Mohamed Ali en 1964, à l'âge de 22 ans, après avoir rejoint la *Nation of Islam.* Il se convertit par la suite à l'islam sunnite en 1975. En 1967, trois ans après avoir remporté le championnat du monde des poids lourds, il refusa d'être enrôlé dans l'armée américaine, par opposition à la guerre du Vietnam. Il ne fut pas emprisonné, mais il fut privé de sa licence de boxeur et ne combattit plus pendant près de quatre ans. Jusqu'à ce que son appel fut entendu par la Cour suprême américaine le 28 juin 1971.

Surnommé «*The Greatest*», Ali est devenu le premier triple champion du monde en catégorie poids lourds. En 1999, il fut élu «Sportif du siècle» par l'hebdomadaire américain *Sports Illustrated* et «Personnalité sportive du siècle» par la *BBC.* Il a son étoile sur Hollywood Boulevard. La sienne est la seule à être sur un mur, plutôt qu'au sol. «Je ne veux pas que les gens marchent sur le nom du prophète», a-t-il déclaré.

La légende de Clay commença lorsqu'il remporta la médaille d'or des poids mi-lourds aux Jeux Olympiques de Rome en 1960. Il passa alors professionnel sous la tutelle d'Angelo Dundee et se fit rapidement connaître par son style peu orthodoxe, les bras souvent le long du corps, et son arrogance. Il n'hésitait jamais à clamer: «Je suis le plus grand». Il prédisait aussi à quel round il mettrait son adversaire K.O.

Le 25 février 1964 à Miami, il devint une première fois champion du monde en obligeant Sonny Liston, qui restait sur 19 victoires dont 15 K.O. et aucune défaite, à abandonner au sixième round. Il battit une deuxième fois Liston lors d'une revanche très controversée. Le 8 mars1971 à New York, après quatre ans d'absence des rings, il prit le risque de se mesurer à un boxeur de la trempe de Joe Frazier et encaissa sa première défaite. Du coup, son rêve de terminer sa carrière invaincu, comme Rocky Marciano, se brisa. Ali ne pardonna jamais à Frazier. Plus tard, les deux hommes en vinrent même aux mains devant les caméras lors d'une émission de télé.

Ali prit sa revanche contre Frazier le 28 janvier 1974, en le battant aux points, toujours à New York. Restait alors à récupérer son titre en se mesurant à George Foreman, impitoyable puncheur invaincu en 40 combats dont 37 par K.O. Don King, un nouveau promoteur de boxe qui allait devenir le plus important de la fin du XXe siècle, organisa le combat au « Stade du 20 mai », le 30 octobre 1974 à Kinshasa, avec le soutien financier du dictateur Mobutu Sese Seko qui offrit cinq millions de dollars, un record pour l'époque, aux deux boxeurs. Il permit à Ali de remporter sa plus grande victoire tactique : il battit Foreman sur la longueur alors qu'on pensait qu'il tablerait sur sa mobilité et sa rapidité.

Le 1er octobre 1975, son troisième combat contre Frazier fut le plus intense. Ali reconnut que Frazier était un très grand boxeur et arrêta ses provocations.

Par après, Ali baissa de régime. Vieillissant, il perdit finalement son titre à 36 ans contre le champion olympique 1976, Leon Spinks. Il gagna la revanche, devenant ainsi champion du monde poids lourds pour la troisième fois, mais ce fut son chant du cygne. Le 2 octobre 1980, à la recherche d'un nouveau record en tant que seul boxeur à gagner le titre quatre fois en catégorie poids lourds, il perdit avant la limite pour la seule fois de sa carrière, contre son habituel sparring-partner Larry Holmes. Ali boxa encore une dernière fois le 11 décembre 1981 contre le challenger Trevor Berbick. Ce combat eut lieu dans une quasi-indifférence à Nassau. Ali fut vaincu à la dixième reprise.

Il est atteint de la maladie de Parkinson depuis 1984.

BAHAMONTES Federico

« Richard Virenque ne m'arrive pas à la cheville », affirma Federico Bahamontes à L'Équipe Magazine après avoir reçu le titre de meilleur grimpeur de l'histoire du Tour de France. Virenque a décroché sept couronnes de Roi de la montagne, Bahamontes six mais l'Aigle de Tolède précisa dans le même entretien « qu'il ne m'en veuille pas, mais, si Virenque est grimpeur, moi, je suis Napoléon. Où est la bataille, le mouvement, le combat ? Aujourd'hui avant les derniers kilomètres, tout le monde reste ensemble. On dirait une procession de semaine sainte ! »

Né le 9 juillet 1928 à Santo Domingo-Caudilla, près de Tolède, le champion espagnol a toujours fait preuve d'un caractère bien trempé. Ses parents n'appréciaient pas sa passion pour le sport cycliste. Sa mère précisa même un jour que « c'était un métier très difficile ». Elle songeait principalement aux nombreux déplacements qui éloignent les coureurs de leurs proches.

Bon élève, Bahamontes se consacrera rapidement au vélo. Il n'était pas aussi puissant que Fausto Coppi, dont il fut l'équipier durant quelques années mais la haute montagne constituait son domaine de prédilection Là, Bahamontes s'élevait au-dessus du débat, royal alors que ses adversaires maudissaient ces décors, d'enfer pour eux, où l'Aigle de Tolède planait comme bon lui semblait. La légende lui inventa un caractère difficile, hautain même comme quand il dégusta, dit-on, une crème glacée en attendant ses rivaux au sommet d'un col. Bahamontes précisa plus tard : « La vérité est bien différente. J'avais été victime d'un ennui mécanique. Et, en attendant la voiture de mon directeur sportif, j'ai rempli mon bidon avec de la glace. » La version romancée par des journalistes belges restera accrochée à ses exploits.

Il remportera son premier Grand Prix de la montagne du Tour de France en 1954. Quatre ans plus tard, toujours aussi courageux, intrépide et brillant dans ses raids au sommet, Bahamontes mérita un deuxième titre de grimpeur ailé au bout d'une Grande Boucle dominée par l'Ange de la montagne, Charly Gaul. Doué, certes, riche d'un moteur cardiaque qui lui permettait de récupérer rapidement après de gros efforts, Bahamontes pourrait-il prétendre un jour à la victoire finale ? Le dernier maillot garnirait-il tôt ou tard les épaules de ce montagnard détestant les descentes, souvenir d'une chute durant ses jeunes années, et peu à son affaire dans la plaine ?

En 1959, personne ne le rangeait dans le petit peloton des favoris du Tour de France. Lui, il avait conçu un plan aussi ambitieux que surprenant. Il savait que la météo prévoyait de la chaleur, des jours de canicule même, ce que Gaul n'appréciait pas du tout. Et le bougre mesurait que Jacques Anquetil ne se mettrait jamais au service de Roger Rivière, l'inverse étant aussi vrai, alors que Louison Bobet, qui n'acceptait pas les lois du temps qui passe, s'occuperait jusqu'à épuisement de ses propres intérêts sans accorder un seul regard aux deux jeunots. Anquetil fut dominé à sa grande fureur dans les contre-la-montre par Rivière.

Un autre coureur faillit déjouer la stratégie de Bahamontes : Henry Anglade, Champion de France en titre, soudain éligible à Paris suite à une échappée vers La Rochelle qui lui donna plus de cinq minutes d'avance. L'Aigle de Tolède s'était dépassé au fil des étapes plates, se transcenda contre le chrono dans son désir de respecter un plan de bataille resté secret. Le piège se refermait sur des adversaires ne le devinant pas aussi roublard. À leur grand étonnement, l'Espagnol passa calmement les Pyrénées avec les autres favoris, sans chercher à faire y casser la baraque comme chaque année, gardant des réserves pour deux étapes de vérité : le puy de Dôme contre-la-montre et le grand raid alpestre entre Grenoble et Saint-Vincent d' Aoste. Il domina le premier rendez-vous, plia mais ne céda pas dans le second, marqué par l'opposition des frères siamois, Rivière et Anquetil.

Bahamontes aurait-il décroché l'or sans cette lutte interne franco-française ? Pour lui, il n'y aura jamais de doute : « Il fallait être costaud pour en profiter. Ce n'est pas ma faute si Anquetil et Rivière se détestaient à ce point. Il n'y a que le résultat qui compte et c'est Federico qui a gagné. » Le roi de l'apesanteur fut encore deuxième en 1963 et troisième en 1963. À Tolède, Bahamontes le plus grand des aigles, devint vite un dieu vivant. Là, tout le monde sait qu'il s'appelle Federico Martin Bahamontes. Martin est le nom de famille de son papa. La presse et la légende crurent que c'était un deuxième prénom et ne lui attribuèrent pour l'éternité que le patronyme de sa mère.

BARTALI Gino

«Le bien, c'est quelque chose que tu fais, pas quelque chose dont tu parles», lançait parfois Gino Bartali, immense champion cycliste italien décédé le 5 mai 2000, à l'âge de 85 ans. Son palmarès est long comme un jour de juin. Et, au fil de ses exploits, le Tour de France 1948, remporté 10 ans après celui de 1938, restera pour les amateurs de cyclisme un des plus beaux solstices d'été du sport. Sans la Seconde Guerre mondiale, d'autres Grandes Boucles figureraient au palmarès de ce champion né à Ponte a Ema dans la banlieue de Florence, le 18 juillet 1914. Les déflagrations planétaires marquèrent son existence au fer rouge. Le régime fasciste tenta vainement d'exploiter son énorme popularité. Bartali précisa plus tard: «En 1938 j'ai gagné le Tour de France pour le Pape, pas pour Mussolini.» Et il y avait quelques secrets longtemps bien gardés derrière ces mots directs. Ils dissimulèrent des exploits qui furent finalement plus marquants que ses trois Tours d'Italie (1936, 1937, 1946), ses deux Tours de France (1938, 1948), ses trois Tours de Lombardie (1936, 1939, 1940), ses quatre titres de Champion d'Italie sur la route (1935, 1937, 1940,1952), ses quatre Milan-Sanremo (1939, 1940, 1947, 1950), etc.

Au début des années '40, la folie des hommes plongea le monde entier dans le deuil. Mobilisé, chargé de la surveillance des voies ferrées, Bartali sera finalement affecté à la police de la route. Sur cette lancée, il reprit son vélo pour s'entraîner et préparer les quelques courses encore organisées. Bartali se fit alors un plaisir de pédaler de Florence à Assise, à Gênes ou à des villages reculés des Abruzzes. Les paysans le reconnaissaient, l'encourageaient, le ravitaillaient. A l'occasion, dit-on, le champion italien buvait un verre de chianti, appréciait une cigarette avec eux. Le tabac, selon ses dires, lui était nécessaire pour « donner du rythme à un cœur un peu trop lent ». En course, d'ailleurs, il lui arriva de griller une cibiche au sommet d'un col en attendant ses adversaires, laminés par ses attaques. Mais, là, que faisait-il, que disait-il, en partageant des clopes avec des paysans de San Quinto, près d'Assise ?

Personne ne le savait, même pas sa femme Adriana, et il fallait que le secret soit bien gardé. Il avait déjà nargué le régime fasciste en prenant la défense d'un coureur, Giovanni Valetti, connu pour ses opinions de gauche et jeté dans les geôles de la dictature mussolinienne. Bartali remua ciel et terre pour que Valetti retrouve le parfum de l'air libre. Bartali n'en parla jamais et, bien plus tard, c'est Valetti en personne qui révéla tout ce que son sauveur avait fait pour lui.

Le jeu était encore plus dangereux dans ses sorties d'entraînement frisant parfois les 300 km. Membre du réseau de résistance Desalem, il transportait des documents, papiers d'identité et photos, entre autres, soigneusement dissimulés dans la tige de selle, le guidon et le cadre de son vélo. La police l'arrêtait parfois... pour lui demander des autographes.

En 1943, l'étau se resserra autour de lui et, en raison de ses relations avec le Vatican, il se retrouva en prison durant quarante-cinq jours. À peine, libéré, il reprit son travail de passeur de documents, de courrier cycliste filant au péril de sa vie d'une église à un couvent, lieux de rendez-vous des maquisards. Il portait déjà le surnom de Gino-le-Pieux. Son frère, Giulio, coureur cycliste comme lui, se tua en compétition. Bartali ne s'en remit jamais et trouva un peu de réconfort dans la prière. Certains osèrent cependant affirmer qu'il ne se signait qu'en présence des photographes de presse, histoire de soigner son image de bon catholique.

Au fil des années de guerre, tout en égrenant des milliers de kilomètres pour s'entraîner, Bartali apporta une contribution décisive au sauvetage de huit cents Juifs pendant la Seconde Guerre mondiale. S'il adorait évoquer ses grandes victoires sportives et ses inoubliables duels lancés à Fausto Coppi, Bartali ne pipa jamais mot à propos de toutes ces courses secrètes, plus dangereuses les unes que les autres, disputées au péril de sa vie, qui furent autant de bouées de sauvetage. En septembre 2014, Bartali a reçu, à titre posthume, la plus grande distinction octroyée par l'État israélien : « Juste parmi les nations ».

BEAMON Bob

Quelles sont les caractéristiques des grands champions de l'histoire du sport? Ceux qui ont comptabilisé les points marqués, les goals inscrits, les paniers réussis, les chronos alignés, les courses remportées. Bob Beamon (New York, 1946), lui, a sauté un jour 8m90 en longueur et cette performance unique lui vaut d'être entré dans la légende de l'athlétisme. Depuis le 18 octobre 1968, l'Américain, bien que n'étant plus recordman du monde de la spécialité, demeure « le » monument du saut en longueur. Parce qu'il a sidéré le monde du sport en améliorant de 55 cm le record de cette discipline en finale des Jeux de Mexico, c'est-à-dire devant des millions de téléspectateurs sur la planète. Un athlète désormais inoubliable.

Né dans le quartier pauvre Jamaïca à New York, Beamon eut une enfance bien triste: sa mère meurt de tuberculose alors qu'il n'avait qu'un an et il est élevé par une grand-mère qui ne s'occupe pas beaucoup de lui et un père alcoolique qui le bat régulièrement. À l'école, cela ne va pas mieux: « C'était la jungle. Il fallait se battre ou fuir en courant. J'ai vu que seul le basket pouvait vous sauver, on vous y respectait. » Il en tâte, mais bifurque rapidement vers l'athlétisme, avec succès. À l'Université d'El Paso, au Texas, il réalise de belles performances, dont un bond à 8m33, champion US. Il n'aime pourtant pas cette univ' où le directeur le traite de « nigger », nègre...

Aux Jeux olympiques de 1968, il affronte trois seigneurs de la longueur, le champion d'Europe Lynn Davies, le Russe Igor Ter-Ovanessian et le recordman du monde en titre, son compatriote Ralph Boston.

Il loupe deux essais en qualification, frôlant l'élimination et aborde la finale avec 15 autres concurrents. La veille au soir, il a quelque peu abusé de la tequila, préoccupé par le boycott envers les Jeux envisagé par les athlètes afro-américains. Les sprinters Carlos et Smith ont tendu un poing ganté de noir sur le podium du 200 m. Un contexte pesant. ll saute quand même, le lendemain, à 15h45. Il s'envole, retombe même debout, sans s'affaisser dans le sable et... on mesure, avec un décamètre, car l'installation électronique n'avait pas prévu une telle distance: 8m90! L'émotion est générale, les commentateurs radio et TV restent sans voix. On vérifie et c'est bien vrai: Bob Beamon vient de pulvériser le record de Boston. Qui l'enlace. Le Britannique Davies lui dira plus tard: « Bob, tu as détruit cet événement, mais quel exploit! » Beamon n'en revient pas, se tient le visage entre les mains, saute une deuxième fois (8m04), puis abandonne. La pluie et le vent commencent à balayer l'Estadio Olympico. L'Allemand Beer se classe deuxième à 71 cm. On a dit que l'Américain avait bénéficié d'un coup de vent subit, (2m à l'anémomètre, ce qui était régulier), que l'altitude de Mexico (2240 m) l'avait aidé, comme les sprinters.

Pour les spécialistes, il a réalisé le saut du siècle, le saut parfait d'un spécialiste qui avait gagné cette même année 22 des 23 compétitions de longueur auxquelles il avait participé! Pas par hasard, donc. Une biographie suivra très vite: « L'homme qui savait voler ».

Beamon a été traumatisé par ce saut. On l'attendait partout, on l'invitait partout et les performances n'ont pas suivi. Il est encore champion des États-Unis avec 8m20, mais ne résiste pas à la pression, aux sollicitations, aux critiques. Jesse Owens, le héros de Berlin '36, lui conseille de ne pas viser les Jeux de Munich, en 1972, car cela pourrait le discréditer. Et Bob se lance dans le basket pro, mais sans réussite. Il reprend des études de sociologie et obtient son diplôme à l'Université d'Adelphi, près de New York. Il se met à la peinture, au dessin, crée sa propre société de communication. Il vit tantôt en Espagne, tantôt au Mexique, il parcourt l'Europe à l'invitation de nombreuses compagnies. Il se marie quatre fois... Il est aujourd'hui CEO of Art of the Olympian Foundation, à Fort Myers en Floride. Des centaines de vidéos et de films sont encore toujours étudiés pour disséquer ses sauts. Des débats très animés sont organisés autour de cette performance qui date quand même de 1968, alors que son record de l'époque a été battu à Tokyo, en 1999, lors des championnats du monde, par son compatriote Mike Powell. Dont on ne parle quasiment jamais ! Le héros de la longueur reste toujours Mr. Bob Beamon. Il arrive que des journalistes parlent de « beamonesque » pour un exploit tellement supérieur aux précédents qu'il dépasse l'imagination. « Sûr que j'y pense encore tous les jours », dit Bob, « mais cela ne m'amuse plus... »

BLANCO Serge

Voilà bien un homme à qui son sport favori, le rugby, aura tout donné. Mais inversement aussi, car Serge Blanco a été joueur, puis dirigeant de club (Le Biarritz Olympique, de 1995 à 1998), pour enchaîner au poste de président de la Ligue nationale de rugby française (de 1998 à 2008) et, à nouveau (depuis 2008), reprendre en main les rênes de son club de toujours, le Biarritz Olympique. Mais cet homme n'est pas n'importe qui. Serge Blanco, dénommé le « Pelé du rugby », a été l'un des meilleurs joueurs de rugby à XV au monde. L'égal de grands noms du rugby international comme l'Australien David Campese, les Néo-Zélandais Jonah Lomu ou Richie McCaw, le Sud-Africain Bryan Habama ou ses compatriotes Jean Pierre Rives ou Philippe Sella. Soit le sommet de la pyramide du gratin mondial.

L'histoire de Serge Blanco, né le 31 août 1958, à Caracas, au Venezuela, aurait pourtant pu être tout autre. En effet, si son père, Pedro Blanco, officier de police, n'était pas mort d'un infarctus, alors qu'il n'avait que deux ans, il aurait probablement continué à vivre au Venezuela. Sa maman, Odette, veuve et seule, décida alors d'aller vivre à Biarritz. Car elle est d'origine basque. Elle fit alors tout son possible pour élever le mieux possible son fils et celui-ci effectua ses études au Collège de l'Immaculée Conception de Biarritz. Il se mit particulièrement en évidence dans les activités sportives, se fit remarquer et commença à jouer au rugby, à seize ans, à Saint-Jean-de-Luz, avant d'évoluer ensuite au sein du Biarritz Olympique où il effectua toute sa carrière. Le rugby étant un sport amateur à l'époque, Serge Blanco passa un certificat d'aptitude professionnelle pour devenir tourneur, ajusteur et monteur, ce qui lui permit de débuter, en 1976, sa carrière professionnelle chez Dassault. Il passa huit années dans cette entreprise, comme ouvrier, avant de se laisser convaincre, en 1983, par son coéquipier en équipe nationale, Jean-Pierre Rives, de travailler dans le service des relations publiques du groupe Pernod où il resta jusqu'en 1992.

Fidèle à Biarritz, le palmarès de Serge Blanco, en club, se limita à une place de finaliste du Challenge Yves du Manoir, en 1989, et une autre de vice-champion de France, en 1991-1992, acquise lors de sa dernière saison. C'est donc au sein de l'équipe de France – qu'il intégra à l'âge de 22 ans – qu'il se mit particulièrement en évidence. De 1980 à 1991, Serge Blanco disputa avec cette équipe 93 matchs avec un bilan de 38 essais (6e performance mondiale et record en France), 6 transformations, 2 drops et 21 pénalités réussis[1]. Soit un total de 233 points. Il participa à 11 Tournois des Cinq Nations et à 2 coupes du monde. En 1987, il remporta le titre de vice-champion du monde, l'exploit de sa carrière et, en 1991, Il obtint une place de quart de finaliste. Il remporta aussi 6 Tournois des Cinq Nations, en 1981, 1983, 1986, 1987, 1988 et 1989, dont deux Grands Chelems en 1981 et 1987. Il participa encore à de nombreuses tournées à travers le monde, avant de mettre définitivement fin à sa carrière, en 1992. Et non sans avoir été désigné par le quotidien « Midi Olympique », meilleur joueur français en 1982, 1983, 1989, 1990,1991 et en 1992.

Il se lança alors dans le business en lançant une ligne de vêtements à son nom, en ouvrant, à Hendaye, un centre de thalassothérapie et, en inaugurant, en 2002, un hôtel restaurant 4 étoiles. Si l'on y ajoute ses activités de dirigeant, on peut dire que la reconversion de ce grand joueur a été une totale réussite. À l'image de sa carrière de joueur.

1. Un essai = 5 points; une transformation (de l'essai) = 2 points; un drop = 3 points et une pénalité = 3 points.

BLANKERS-KOEN Fanny

En 1999, à Monaco, Juan Antonio Samaranch, Président du C.I.O., remettait le titre symbolique suprême de l'olympisme à deux athlètes ayant marqué – aux yeux d'un jury de spécialistes mondiaux – l'histoire du sport : à Carl Lewis pour les hommes et à Fanny Blankers Koen pour les femmes. Quelle extraordinaire consécration, surtout tant d'années après ses exploits, pour Fanny Koen (1918-2004) !

Il faut dire que sa longévité sportive et ses succès restent inoubliables. Et sa célébrité mondiale bien entretenue, longtemps après qu'elle ait remisé les pointes. Car Fanny a véritablement bouleversé les milieux du sport, non seulement par ses performances (20 ans d'athlétisme avec 12 records du monde en 7 disciplines), mais aussi en révolutionnant l'approche de la pratique du sport par des femmes et particulièrement – ce fut son cas – par la réussite éclatante d'une femme mariée et mère de deux enfants. Que n'a-t-elle dû endurer de reproches et de sarcasmes, parce qu'elle s'adonnait encore à 30 ans et en short à des courses en public, alors qu'elle était mère de deux petits enfants, Jantje et Fanneke ! Pire, s'ils avaient su, ces « vieilles barbes » qui critiquaient vertement sa participation aux Jeux de Londres en 1949, que Fanny était à nouveau enceinte de quelques semaines, ils n'auraient pas décoléré...

Fanny Koen est la fille d'un lanceur de poids et de disque. Elle brille déjà toute jeune en natation, en patinage sur glace (évidemment, aux Pays-Bas...) et en handball. Mais son père l'emmène dans son club d'athlétisme et elle y réalise d'entrée de jeu des résultats qui ne font pas de doute : elle est superdouée pour l'athlétisme. À 18 ans, aux Jeux de Berlin, elle se classe 6e à la hauteur et 5e en 4 X 100 m avec l'équipe de son pays. Dans la capitale allemande (de l'époque), elle ose s'approcher de Jesse Owens (4 médailles d'or) qui lui donne un autographe. Deux ans plus tard, alors que la guerre éclate, elle épouse... son entraîneur, l'ancien triple sauteur olympique Jan Blankers.

Les compétitions peuvent continuer intramuros, durant les années de guerre. Malgré les privations, le couvre-feu, l'oppression de l'occupant nazi, Fanny continue à s'entraîner, deux fois par semaine à peine, mais elle bat tout de même le record du monde du 80 m haies, en 1942. Elle court le 100 m en 11" s 5, record, mais il n'est pas homologué parce qu'elle y affrontait... des hommes!

Dès 1946, elle renoue avec les victoires internationales, notamment aux Championnats d'Europe (5 titres, entre '46 et '50). L'apogée l'attend à Londres, en 1948, alors que l'Angleterre panse encore ses plaies et où l'équipe néerlandaise se déplace aux Jeux en étant contrainte, vu les privations outre-Manche, d'emporter ses moyens de subsistance: nourriture et boissons! De là, peut-être, certaines habitudes bataves...

Elle ne part pas favorite, malgré ses records du monde, à Wembley. Elle est trentenaire et attend un troisième enfant. On dit, en Grande-Bretagne, qu'elle est trop âgée. Aux Pays-Bas, un reporter ose écrire « qu'il est grand temps qu'elle reste à la maison pour s'occuper de ses deux bambins ». Elle ne les abandonne pourtant pas, ces deux-là: elle accomplit plusieurs fois par semaine, à vélo, avec ses deux gosses calés dans des « baquets », le trajet de 48 km (aller-retour) entre sa maison et son lieu d'entraînement.

Wembley, son vent, sa pluie. Fanny écrase l'opposition en finale du 100 m: 3 m d'avance sur la deuxième. En 80 m haies, elle part mal, renverse le 5e obstacle et termine, comme elle dit « en titubant comme une ivrogne », déséquilibrée dans sa course. Mais elle l'emporte, dans le même temps que l'Anglaise Maureen Gardner ! Elle en a marre. Son entraîneur de mari la pousse à prendre part quand même aux qualifications du 200 m, car elle pourrait regretter plus tard un renoncement, alors qu'elle est en superforme. Elle gagne ce 200 m haut la main !

Elle aurait aimé participer aussi aux sauts en hauteur et à la longueur, avant les Jeux, mais le règlement n'autorise que trois disciplines individuelles. Elle se console avec le relais 4 x 100 m.

Elle a failli manquer le départ des séries, au grand dam de ses coéquipières : elle arrive au stade essoufflée, n'a pas le temps de s'échauffer et de préparer la course avec ses partenaires : elle a traîné dans la City, où elle faisait son shopping... Fanny c'est Fanny : elle reçoit le témoin en 5e position et remonte tout le monde : 4e médaille d'or.

C'est la gloire, évidemment. Amsterdam lui offre un accueil triomphal et... un nouveau vélo !

Elle remportera encore 3 titres aux Championnats d'Europe de Bruxelles, en 1950.

Puis viendront les honneurs divers : une statue, un stade et un meeting international à son nom à Hengelo et enfin la reconnaissance sublime, comme athlète du siècle, à Monaco.

Robert Parienté, grand journaliste français a dit de Fanny Blankers-Koen : « Elle a permis à l'athlétisme féminin de sortir du Moyen Âge ».

BOIVIN Jean-Marc et LORETAN Ehrard

Quels superlatifs pourrait-on choisir pour décrire les figures légendaires que furent le Français Jean Marc Boivin et le Suisse Ehrard Loretan : génies, prodiges, conquérants, sportifs hors-normes, dieux des cimes,… ? Ce qu'il y a de particulier, lorsqu'on évoque leurs noms, c'est de constater le nombre de points communs que les deux superalpinistes avaient entre eux.

Tout en étant passionnés, dès leur plus jeune âge, pour la montagne, l'un comme l'autre ont commencé leur carrière professionnelle comme ouvrier. Loretan comme ébéniste, chez un artisan à Bulles, Boivin comme technicien-mécanicien, à l'usine Peugeot de Dijon. Ils ont ensuite obtenu leur brevet de guide de haute montagne avant d'opter définitivement pour le métier d'alpiniste. Ils ont alors montré à tous les fans de montagne, amateurs comme professionnels, randonneurs comme grimpeurs, l'étendue de leur énorme talent, avec leurs succès et leurs records extraordinaires, voire à peine imaginables.

Les deux étoiles de l'escalade (et du saut, sous toutes ses formes pour Boivin) avaient aussi la particularité, malgré leur grande médiatisation, de toujours avoir fait montre de modestie et d'humanité. Enfin, les deux protagonistes ont tragiquement perdu la vie dans l'exercice de leur passion commune pour la montagne.

LEUR DRAME

Jean-Marc Boivin est mort le 17 février 1990, à 38 ans, alors qu'il était suivi par une équipe de télévision dans le cadre de l'émission « Ushuaïa, le magazine de l'extrême ». Le jour précédent, le 16 février, il réussit un saut de 979 mètres, en « Base jump », depuis la cascade du Salto Angel, la plus haute chute au monde, sur le cours du rio Kerep, au Venezuela. Le lendemain, il décida de remettre ça. Mais une femme qui venait de sauter juste avant lui se blessa à l'issue de sa chute. Boivin s'élança juste après elle afin de lui porter secours. Malheureusement pour lui, il accrocha un arbre à la fin de son saut. À l'équipe qui venait lui apporter son aide en hélicoptère, il indiqua d'aller d'abord secourir la femme blessée avant lui. Lorsque les sauveteurs revinrent le chercher, ils le trouvèrent mort, exsangue, à cause d'une hémorragie interne. Cet homme qui avait, à d'innombrables occasions, risqué sa vie venait de la perdre dans un geste extraordinaire de solidarité.

Ehrard Loretan, quant à lui, est décédé le 2 avril 2011, le jour de son 52e anniversaire. Il faisait ce jour-là une course au Grünhorn (4043 mètres), dans les Alpes bernoise, en compagnie de sa compagne. À un moment donné, la cordée fit une chute de 200 mètres. Les secours arrivèrent seulement quatre heures plus tard et ne purent que constater la mort de l'alpiniste suisse. Sa compagne, gravement blessée, lui survécut. Il est à noter qu'Erhard Loretan avait vécu un terrible drame quelques années auparavant. En décembre 2001, lorsque son bébé âgé de sept mois fut victime du phénomène du « cerveau secoué ». Il fut finalement condamné à quatre mois de prison avec sursis et à 1 000 francs suisses d'amende pour homicide par négligence. Ce procès fit grand bruit en Suisse et, depuis ce moment, le skieur helvétique se retira de la scène médiatique et continua d'exercer ses activités de guide et d'ébéniste. La forte rancœur qu'il nourrit à l'égard de certains journalistes, qui l'avaient adulé jusque peu avant, n'y était évidemment pas pour rien.

Leurs principaux exploits et records

Pour Ehard Loretan

- En 1970 (à 11 ans) : premier sommet à la « Dent de Broc » (1 829 mètres)
- En 1981 : trois premières dans les Andes péruviennes : le Caras 1, le Ramzapalca et le Palcaraju
- En 1982 : escalade du Nanga Parbat
- En 1983 : escalade de trois sommets de plus de 8 000 mètres en 17 jours (le Gasherbrum 1 et 2 et le Broad Peak)
- En 1984 : escalade du Manaslu et l'Annapurna
- En 1986 :

1) Avec André Georges, la « Couronne impériale », en une dizaine de jours. Il s'agit d'une course autour du Cervin (Zermatt), longue de 140 kilomètres, avec 38 sommets, dont 30 de plus de 4 000 mètres, et 25 000 mètres de dénivelée

2) Le sommet de l'Everest avec Jean Troillet. L'aller-retour en 43 heures. Un record qui aurait fait dire au grand Reinhold Messner : « Cet Everest-là, ça vaut dix 8 000 mètres. Loretan est un génie… »

- En 1989 : toujours avec André Georges, escalade de 13 « Face nord » (dont l'Eiger, la Jungrau, le Breithorn,…), en dix jours (du 14 au 24 janvier) et en condition hivernale
- En 1990 : avec Jean Troillet et le Polonais Kurtyka, escalade du Cho Oyu et du Shishapangma
- En 1991 : escalade du Makalu
- En 1994 : escalade du Lhotse
- En 1995 (à 36 ans) : escalade du Kanchenjunga. Il est alors le troisième homme, après l'Italien Reinhold Messner et le

Polonais Jerzy Kukuczka, à avoir gravi les 14 sommets de l'Himalaya, en solo et sans oxygène

Pour Jean-Marc Boivin

- En 1979 : record du monde de saut en altitude, en delta-plane, en décollant depuis 7600 mètres (du camp 5, au K2)
- En 1986 : en parachute, record du monde de saut de précision, en altitude, sur le Rita Cuba Norte (5200 mètres) dans la Sierra Nevada de Cocuy, en Colombie. À cela il faut ajouter, le record mondial de profondeur en exploration sous-glaciaire, au gouffre du Grand Moulin de la mer de Glace (moins 177 mètres)
- En 1987 : enchaînement de cinq descentes à ski, dont les Grandes Jorasses, la face sud-est des Drus et le couloir Whymper à l'Aiguille Verte
- En 1983 : ascension de la face nord de l'Eiger, en solo, en 7h30
- En 1986 : enchaînement en solitaire, hivernale, de quatre face-nord glaciaires de très haut niveau technique : Aiguille Verte, Droite, Courtes et Grandes Jorasses (de 1h30 à 21h30)
- En 1988 : première mondiale, le 26 septembre, en saut en parapente, depuis le sommet de l'Everest (8848 mètres)

En plus de ce remarquable palmarès, il faut encore noter plus de 50 courses en escalade rocheuse dont, en solo, les voies les plus difficiles des Alpes, ainsi qu'une trentaine de courses glaciaires.

JAMAICA
TDK
BOLT
MOSCOW 2013

BOLT Usain

« Organiser un meeting avec Bolt à l'affiche, c'est 20 000 spectateurs en plus ! » Les responsables des grands meetings d'athlétisme sont unanimes à le reconnaître : l'athlète qu'il convient absolument d'offrir à leur public, c'est Usain Bolt. Et depuis l'été 2008 déjà, après ses exploits aux Jeux de Pékin. Six ans plus tard, ce diable de Jamaïcain continue de dominer le sprint mondial et avec des allures qu'aucun autre athlète avant lui n'avait étalées. Puissance, aisance, supériorité, tout cela allié à des numéros de show man les plus extravagants les uns que les autres. Avec des abus, sûrement, mais le fait est que Bolt conquiert toujours le public devant lequel il se produit. Et l'on n'est jamais déçu, dans les tribunes, par ce grand professionnel qui aligne les grandes performances et parfois les records du monde.

Né en 1986, Usain Bolt est le fils d'un couple d'épiciers de la Jamaïque, l'île-miracle du sprint. Il a un frère et une sœur. Enfance sans histoire, si ce n'est qu'il préférait, tout jeune, le football et surtout le cricket, très en vogue là-bas, aux courses. C'est d'ailleurs son entraîneur de cricket qui lui a fortement conseillé, décelant ses aptitudes, de ne se consacrer qu'à l'athlétisme.

En 2003, à 16 ans, il est champion du monde juniors, à Grosseto (Italie). Et avec un temps qui en dit long : 20"40 sur 200 m. Une semaine plus tard, aux championnats panaméricains pour juniors, il réalise 20"3, une perf' mondiale pour seniors. Saison maigre, en 2004, car il est blessé à la cuisse. Ce qui n'empêche pas plusieurs universités américaines, toujours axées sur le prestige, de lui proposer une bourse d'études. Bolt décline les invitations et préfère rester à l'Université de technologie de Kingston. Moins de pression, aussi, pour lui. À 19 ans, toujours sur le 200 m qu'il affectionne particulièrement, il réalise 19"88 à Lausanne. Du jamais-vu à cet âge-là.

Et 2008 est l'année de tous les exploits. J.O. à Pékin et victoire sur 100 m en 9"69, record du monde, où il atteint 44,72 km à l'heure au sommet de sa course! Doublé sur le 200 m en 19"30, record du monde aussi et qui fait du bruit, car Bolt bat de la sorte le « grand » record de Michael Johnson, une autre « légende ». Relais 4 x 100 m avec l'équipe jamaïcaine: record du monde encore.

La série continue. 2009: champion du monde à Berlin sur 100 m; 9»58 et il améliore donc son propre record mondial sur la plus fascinante des courses de l'athlétisme. On imagine la portée de l'exploit dans le monde entier. Cela en deviendrait presque banal si ce n'était fabuleux: victoire en 200 m et record mondial en 19"19. Victoire-formalité oserait-on dire, dans le 4 x 100.

Bombe à Daegu en 2011 : Usain commet un faux-départ et est éliminé sur 100 m. Son compatriote Blake prend la médaille d'or de ces championnats du monde. Bolt est bien reconcentré au 200 m et il s'impose, de même qu'en relais 4 x 100 m avec trois autres remarquables sprinters de la petite Jamaïque: record du monde, à nouveau...

Personne ne résiste à Bolt, durant toutes ces années. Aux Jeux de Londres, en 2012, il domine encore et toujours ses adversaires « d'une rue », comme disent les fanas de l'athlétisme. C'est un triplé de plus couronné d'or, avec le 100, le 200 et un fantastique relais 4 x 100 que les Jamaïcains déboulent en 36"84, record bien sûr, ce qui signifie une moyenne de 9"21 par relayeur... Les connaisseurs apprécieront.

Les surnoms ne vont pas manquer, bien sûr. Les hôtes anglais le baptiseront « Lightning Bolt », « l'éclair » ou « la foudre ».

Un couac, en 2013, il est battu par Gatlin à Rome; 9"96 pour Usain pour 9"95 à l'Américain, au meeting de Rome. Il ne va pas tarder à se venger, quelques semaines plus tard, aux Championnats du monde de Moscou. Sous la pluie, il reprend son sceptre sur 100 m, en 9"77. Succès aussi en 200 m et en relais.

Le bilan laisse pantois, alors qu'il poursuit sa carrière: 6 médailles d'or olympiques, 8 médailles d'or et 2 d'argent au Mondial. Lewis est nettement battu au décompte.

On analyse le phénomène sous toutes ses coutures. Vidéos, films, livres pullulent. Lui, il sourit, prend partout un pactole dans les meetings (200 000 euros de moyenne par prestation), mais sans accumuler les courses. Il sélectionne, avec son entraîneur de toujours, Glenn Mills. Dont il loue la compétence, mais dont il rigole parfois aussi: «J'ai besoin de faire la fête, entre les meetings. Si j'avais toujours suivi les conseils de mon coach, je serais devenu fou! Il voulait même que j'évite le sexe...» Or, là aussi, le champion a du succès.

Le doping? Il répond toujours dans la même veine: «Je ne prends rien d'illégal. Et je me méfie énormément de tout ce qui m'entoure...»

Ses loisirs sont simples: des heures de dominos, avec ses copains dans sa grande maison de Kingston, jouer au DJ à gauche et à droite, même en tournée en Europe, un petit foot' avec ses potes dans le village de ses parents. Ses journées sont bien remplies: entraînement, voyages, compétitions pendant 7 mois et beaucoup d'obligations publicitaires, hors-saison. Car le tiroir-caisse résonne souvent avec ses contrats pour des boissons, des montres suisses haut de gamme, des téléphones, des casques hi-fi, des cosmétiques, des parfums, des vêtements de sport et de mode enfants, sans compter ses affaires dans l'immobilier et la bourse. Et plusieurs restaurants à son nom en Jamaïque!

«Désormais, il devrait aussi tenter le saut en longueur», conseille Mike Powell, recordman du monde de la spécialité. «Il peut sauter si loin que ce serait fou.»

BUBKA Sergueï

Sergueï Bubka est non seulement un champion d'exception, mais un sacré malin. Ses exploits, c'est d'avoir battu 35 fois le record du monde du saut à la perche. 17 fois en plein air et 18 fois en salle. Son astuce, c'est de l'avoir fait quasiment à chaque occasion, en améliorant son ancien record d'un centimètre ! Les connaisseurs qui fréquentent les grandes réunions d'athlétisme savent bien que celui que l'on a appelé « Le Tsar » visait par cette pratique la prime spéciale qui est souvent allouée à l'athlète qui bat un record mondial dans un meeting ou un championnat important. Ces « bonus » peuvent aller jusqu'à 40 000 euros en espèces. À Sestrières, en 1994, lorsque Bubka battit son propre record avec un saut à 6m14, en plus de son cachet plantureux, il a gagné une Ferrari !

Cette parenthèse refermée, il est évident que le Russe, qui retrouva sa véritable origine ukrainienne lors du démantèlement de l'Union soviétique, a été un champion hors-normes. Rares sont les perchistes qui passent 6 m, dans le monde. Lui, il a franchi 44 fois cette hauteur en l'espace de vingt ans. Car sa carrière fut longue et il est extrêmement rare qu'un athlète domine pratiquement sans discontinuer sa spécialité, alors que les générations se renouvellent sans cesse. Bubka a généralement pris le meilleur sur des dizaines de sauteurs différents, pendant vingt ans.

Né en 1963, il s'adonnait déjà à la perche à 11 ans. À 19 ans, il était champion du monde avec 5m70, à Helsinki, au terme d'un concours de 7 heures. En raison de pluies diluviennes, le concours avait dû se disputer le lendemain des qualifications habituelles (annulées) et la finale réunissait 21 concurrents. Sergueï sautait fréquemment en compétition avec son frère Vitaly, international de valeur lui aussi.

Bubka compte déjà 16 records du monde à son actif, à 23 ans. De 1984 à 88, il améliore ce record de 21 cm, du jamais vu. Il sera l6 fois champion du monde à l'extérieur et 4 fois en salle, entre '83 et '97. Une seule fois champion d'Europe et une seule fois aussi champion olympique, à Séoul en 1988.

Sa plus grande désillusion, il la vit aux Jeux de Barcelone, en 1992. Peut-être présomptueux, il ne commence le concours qu'à 5m70, rate deux sauts à cette hauteur et manque aussi son dernier essai, à 5m75 cette fois. Incroyable: il termine 11e et dernier...

La clé du succès de Bubka réside dans sa maîtrise gymnique (il fut un bon gymnaste à ses débuts en sport), sa vitesse (chronométré à 10»3 sur 100 m) et sa force. La conjugaison de ces éléments lui permettait d'utiliser des perches plus longues et plus dures. Et il avait le physique idéal pour cette épreuve alliant technique et puissance: 1m84 et 80 kg. Sergueï, qui conseille toujours de nombreux jeunes, notamment dans son pays, dit: «À la perche, il faut être physiquement et psychologiquement très fort. Votre cerveau doit travailler tout le temps.»

Et le sien a continué de le faire hors des pistes, quand il a arrêté la compétition. Il a réussi en affaires, au point d'être l'un des principaux propriétaires de la Radovid Bank, l'une des plus grandes banques d'affaires en Ukraine. Il a siégé pendant 4 ans au Parlement de son pays et il est l'actuel président du Comité olympique ukrainien, ainsi que vice-président de la Fédération internationale d'athlétisme. Il est aussi membre du Comité international olympique, dont il a brigué la présidence et où il devrait encore avoir des ambitions à l'avenir.

Comblé sur le plan financier, il a acheté un appartement de 2 millions de dollars à Monaco, où il réside souvent, avec son épouse et ses deux fils, dont l'un est tennisman professionnel. Il ne cache pas un faible pour les voitures d'exception. Ces signes extérieurs de richesse lui ont valu aussi quelques frayeurs, car on dit que la mafia russe l'a « chatouillé » à plusieurs reprises. Averti, il ne voyage plus qu'avec deux gardes du corps...

BUHL Herman

De l'avis même du grand Reinhold Messner, l'Autrichien Herman Buhl peut être considéré comme le véritable inventeur de l'alpinisme moderne en étant à la fois adepte de l'escalade en solitaire et des hivernales. Il en fit la démonstration en 1953 lorsqu'il atteignit seul et pour la première fois dans l'histoire de l'alpinisme le sommet du Nanga Parbat[1]. Durant les années 1950, Herman Buhl fut le maître incontesté de l'alpinisme mondial. Que ce soit en rocher ou sur de la glace, il est du genre à prendre tous les risques et d'aller à l'extrême limite de ses capacités physiques et mentales.

Contrairement à beaucoup d'autres alpinistes de renom, le Tyrolien n'eut pas une enfance facile. Né à Innsbruck le 21 septembre 1924, et le plus jeune d'une fratrie de quatre enfants, il est placé dans un orphelinat à la mort de sa mère.

Dès le début des années 1930, à même pas 10 ans, il commença à s'initier à la montagne en escaladant les massifs calcaires des environs d'Innsbruck. À 15 ans, il rejoignit le club alpin allemand et atteignit rapidement le niveau 6[2]. À l'entame de la Seconde Guerre mondiale, il se vit obligé d'arrêter ses études de commerce pour rejoindre les troupes alpines austro-allemandes, en Italie, où il fut fait prisonnier de guerre par les Américains dans l'affrontement de la bataille du mont Cassin. À la fin de la guerre, il retourna à Innsbruck où il gagna sa vie en effectuant des petits boulots. Il en profita alors pour compléter sa formation de guide de haute montagne. Commença alors pour lui une série d'ascensions de parois très difficiles comme

1. Le Nanga Parbat est le plus haut sommet du Pakistan. Il culmine à 8 125 mètres.

2. En fonction des difficultés, il y a 7 niveaux en alpinisme.

la première hivernale de la face sud-ouest de la Marmolada[1], l'ascension en solitaire de la voie Cassin[2] et l'ascension de la face nord de l'Eiger[3] où il sauva dans une tempête infernale la vie de neuf alpinistes parmi lesquels Gaston Rébuffat et Guido Magnone, deux grands noms de l'alpinisme à l'époque.

Après avoir gravi le Nanga Parbat, en 1953, Buhl mettra, en 1957, un deuxième « 8 000 » à son actif, le Broad Peak[4]. Après ce second exploit, Herman Buhl sera le premier alpiniste à avoir gravi deux sommets de plus de 8 000 mètres.

Malheureusement, quelques semaines plus tard, il perdra la vie en tentant avec Kurt Diemberger l'ascension du Chogolisa[5], dont le sommet culmine à 7 665 mètres. Arrêtés par la tempête à 7 300 mètres d'altitude, l'alpiniste autrichien, obligé de redescendre mille mètres plus bas, chutera dans le vide lorsqu'une corniche cédera sous ses pieds.

---

1. La Marmolada, appelée « Reine des Dolomites » est le plus haut sommet de ce massif, situé en Italie, dans le Trentin-Haut-Adige. Son sommet se situe à 3 342 mètres.

2. La voie Cassin a été ouverte par le célèbre alpiniste italien Riccardo Cassin, un spécialiste des grandes face-nord des Alpes dans les années 1930.

3. L'Eiger est un sommet des Alpes, situé en Suisse, à 3 970 mètres. L'ascension de sa face nord, avec 1 600 mètres de hauteur, quasi verticale ou déversante, a causé la mort de nombreux alpinistes.

4. Le Broad Peak est le 12e sommet du monde. Il est situé dans le massif du Karakoram, à la frontière du Pakistan et de la Chine. Son point culminant se situe à 8 047 mètres.

5. Le Chogolisa ou Bride Peak est situé également dans le massif du Karakoram, côté pakistanais.

CENI Rogério et GERALDO PEREIRA de MATOS FILHO dit « Mazarópi »

Rogério Ceni et Mazarópi ont la particularité d'être tous deux Brésiliens, gardiens de but et de détenir chacun un record. Le premier, à la différence du second, joue toujours, et n'a évolué que dans un seul club dans sa carrière, le São Paulo FC. Mazarópi, lui, a arrêté sa carrière en 1992 et a évolué dans plusieurs grands clubs brésiliens, comme Vasco da Gama (8 ans), Coritiba et Grêmio.

Rogério Ceni est né le 22 janvier 1973, à Pato Branco, dans l'état du Paraná, la ville dont est également issu Alexandre Pato, l'ex-attaquant de l'AC Milan. Il a commencé sa carrière senior, en 1989, à 16 ans, avec le Sinop Futebol Clube avant de rejoindre, un an plus tard, le São Paulo FC. Un club qu'il ne quittera plus jusqu'à ce jour, malgré les offres de plusieurs grands clubs européens ! Un exemple de fidélité, à l'image du défenseur Paolo Maldini avec l'AC Milan. Au début de sa carrière avec São Paulo, dans les années 90, à une époque où l'effectif, dirigé par Tele Santana, regorgeait de stars et qu'il n'était pas encore titulaire, il était invité par l'entraîneur, comme les autres gardiens substituts, à venir à l'entraînement une demi-heure plus tôt que le reste de l'équipe. Rogério Ceni a profité, durant 7 ans, de ces moments pour travailler intensément ses coups de pieds arrêtés. Un peu à l'image de Platini, en France. Jusqu'au jour où le titulaire Zetti quitte le club pour Santos. Depuis lors, il est devenu et resté le titulaire indéboulonnable de São

Paulo, avec 1 094 matchs à son actif (en comparaison, Pelé a joué 1114 matchs avec Santos). Mais, en dehors d'un brillant palmarès (dont notamment 3 Copa Libertadores[1], 3 Coupes intercontinentales, 3 titres de champion du Brésil et 1 Coupe du monde), ce que ses aficionados retiendront avant tout de ce portier exceptionnel, ce sont ses 110 buts marqués. Sur coups francs et sur penalties. Loin devant les 62 buts marqués par le Paraguayen José Luis Chilavert et les 44 buts du Colombien René Higuita. Et ce total pourrait encore s'alourdir, car Rogério, âgé de 41 ans, n'est pas prêt à mettre fin à sa légende !

Mazarópi est né le 27 janvier 1953, à Além Paraíba, dans l'État de Minas Gerais. C'est durant les 8 premières années de sa carrière (de 1970 à 1978), passées au célèbre club Vasco da Gama, de Rio de Janeiro, qu'il a établi son record de durée d'invincibilité : 1.816 minutes sans encaisser un but. Sa cage est donc restée inviolée entre mai 1977 et septembre 1978. Derrière le gardien brésilien, on trouve l'Égyptien Thabet El-Batal, du Al Ahli, du Caire (1.442 minutes, du 07.04.1975 au 29.12.1976), le Belge Dany Verlinden, du Club Brugge, en Belgique (1.390 minutes, du 03.03.1990 au 26.09.1990), l'Argentin Jose Maria Buljubasich, de l'Universidad Católica, au Chili (1.352 minutes, du 26.06.2005 au 30.10.2005) et Edwin van der Sar, de Manchester United, en Angleterre (1.311 minutes, du 08.11.2008 au 04.03.2009). Le premier Français, classé 11e, est Gaëtan Huard, des Girondins de Bordeaux, en France (1.266 minutes, du 03.12.1992 au 10 04.1993).

1. La Copa Libertadores, en Amérique du Sud, est l'équivalent de la Champion's League européenne.

CERDAN Marcel

C'était dans la nuit 27 au 28 octobre 1949. Battu quelques mois auparavant par le terrible Jake LaMotta, célébré par Martin Scorsese dans le film Raging Bull, Marcel Cerdan s'était envolé pour New York en quête d'une revanche. Il comptait y retrouver sa bien-aimée de l'époque, la chanteuse Édith Piaf. L'avion de la compagnie Air France, un Lockheed Constellation qui effectuait la liaison entre la Ville Lumière et Big Apple et transportait également la grande violoniste Ginette Neveu, s'écrasa sur les pentes du Pico de Vara, dans l'archipel des Açores. Il n'y eut aucun survivant parmi les 48 passagers. La France pleura longtemps celui qu'elle considérait comme un héros.

Comment comprendre la popularité du boxeur, devenu un mythe ? Son fils aîné, Marcel Cerdan Jr., qui fut lui aussi boxeur professionnel de 1958 à 1972 avant d'interpréter le rôle de son père dans un film de Claude Lelouch, Édith et Marcel, en 1983, a avancé une explication : « On était juste après la guerre. Mon père, c'était le petit Français qui était parti aux États-Unis et avait battu 11 Américains sur leur sol. Il fut aussi le premier non-Américain champion du monde des poids moyens. Il est mort dans la pleine force de l'âge. On ne l'a pas vu vieillir et les gens ont donc toujours gardé de lui l'image d'un champion. C'était un destructeur, un démolisseur, alors que moi j'étais plutôt un technicien. »

Marcel Cerdan est né le 22 juillet 1916 à Sidi Bel Abbès, dans une Algérie qui était alors française. En 1922, sa famille s'installa au Maroc, sous protectorat français à l'époque. Il a grandi dans le quartier de Mers Sultan, à Casablanca, et disputa son premier combat de boxe à l'âge de 8 ans, pour une tablette de chocolat. À 18 ans, il disputa son premier combat professionnel à Meknès. On le surnommait le « Bombardier marocain ». C'était aussi un footballeur de talent qui joua, au poste d'ailier, à l'USM Casablanca en 1941 et 1942, et fut même sélectionné, aux côtés de Larbi Ben Barek, dans l'équipe du Maroc qui affronta l'équipe de France pendant la guerre. Le 27 janvier 1943, il épousa Marinette Lopez (1925-2011) qui lui donna trois fils : Marcel Jr (4 décembre 1943), René (1er avril 1945) et Paul (1er octobre 1949).

Poids welters au début de sa carrière, Cerdan devint vite champion de France puis d'Europe dans cette catégorie avant la Seconde Guerre mondiale. Après 1945, à la fin du conflit, il passa en poids moyens et partit défier le terrifiant Tony Zale, le 21 septembre 1948 à Jersey City, pour le titre de champion du monde. Devant 19 272 spectateurs acquis à la cause de l'Américain, il cueillit son adversaire d'un crochet du gauche au 11e round. Ramené dans son coin en titubant, Zale ne reprit pas le combat. Cerdan fut déclaré champion du monde par abandon à la 12e reprise.

Après deux combats préparatoires qu'il remporta par K.O., le Français remit son titre en jeu le 16 juin 1949 à Detroit, face à Jake LaMotta. Blessé à l'épaule, il fut contraint d'abandonner et laissa sa couronne au « taureau du Bronx ». Cerdan, alors âgé de 33 ans, n'entendait toutefois pas mettre un terme à sa carrière. Une revanche était prévue le 2 décembre 1949 au Madison Square Garden de New York. Elle n'eut jamais lieu, on sait pourquoi. La légende raconte que Cerdan avait dû sa place sur le vol fatal à la gentillesse d'un couple qui lui avait laissé un billet afin qu'il puisse rejoindre au plus vite sa chère Édith. Ses cendres ont été inhumées au Maroc, puis ramenées au cimetière du Sud de Perpignan en 1995.

Son palmarès renseigne 123 combats disputés, 119 victoires (dont 61 par K.O.) et donc seulement 4 défaites. Il fut cinq fois champion de France (trois fois en 1938, une fois en 1941 et une fois en 1946), quatre fois champion d'Europe (en 1939, 1942, 1947 et 1948) et une fois champion du monde (1948). Il a mis ses adversaires 12 fois K.O au 1er round. Sa victoire la plus rapide fut obtenue en 22 secondes face à Gustave Humery le 18 avril 1942 à Paris. Il fut décoré de la Légion d'honneur à titre posthume en 1949.

CHAMBERLAIN Wilt

La polémique continuera longtemps encore, aux États-Unis, pour les fans de basket-ball : le meilleur d'entre tous les joueurs était-il Wilt Chamberlain ou Michael Jordan? Il est impossible de comparer les sportifs de générations différentes, mais il est tout de même certain que le roi des records, c'est Chamberlain. Dans un sport où les statistiques ont une importance considérable, les chiffres ne trompent pas : Wilton (dit Wilt) est bien le collectionneur le plus prolifique.

Une taille hors normes. À 10 ans, il mesure 1m84; à 15 ans, 2m08. À 21 ans, 2m16. Difficile de lui prendre le ballon sous les paniers... Sa carrière, truffée d'exploits, durera 14 ans, de 1959 à 1973. Pourtant, il ne remportera que deux titres NBA. Et le premier à 31 ans déjà, en 1967, avec les 76ers de Philadelphie. L'autre, cinq ans plus tard, cette fois avec les Lakers de Los Angeles.

Individuellement, Chamberlain a été un homme de records : de rebonds, de points marqués, de passes décisives, etc... Au total, il compte 71 records différents en NBA, le championnat professionnel américain. « Wilt the stilt », « l'échassier », comme on l'a surnommé dès le début, en raison de sa grande taille et de son poids de 110 kg qui en faisait un « maigre », a débuté chez les pros de l'exhibition, les Harlem Globe Trotters, en 1957. Parce qu'à 21 ans, on ne pouvait pas encore, à l'époque, entrer en NBA. Il y commence deux ans plus tard et dès la fin de sa première saison à ce très haut niveau, il est sacré « débutant (rookie) de l'année » et surtout « meilleur joueur » tout court du championnat ! Il ne va plus quitter ce firmament jusqu'à l'âge de 32 ans, sa retraite. Pivot à Philadelphie, il popularise le « dunk », qui consiste à claquer le ballon dans l'anneau. À 23 ans, en 1959, il tourne à la moyenne de 37,6 points par match.

À la fin de la saison 61-62, aux Warriers de Philadelphie, il atteint 50,4 points par rencontre. Époustouflant... Quand il affronte son grand rival Bill Russell, le pivot géant des Boston Celtics, il le domine avec 55 rebonds. Du jamais-vu en basket. Mais l'exploit qui fait toujours date dans l'histoire du basket-ball mondial, c'est évidemment lorsque Chamberlain parvient à inscrire 100 points à lui seul dans un match contre les Nicks de New York, le 2 mars 1962. Là, il est entré dans la légende du basket.

La gloire et l'argent suivent. Il achète une grande maison pour ses parents, qui ont neuf enfants. Dans son club, il se montre tellement porté sur l'attaque que ses équipiers ne suivent pas toujours le rythme et ils perdent plusieurs championnats de justesse. Ses entraîneurs successifs lui demandent de viser moins l'offensive et les records de points marqués. Le règlement de la NBA est modifié à sept reprises, dans l'espoir de le freiner. Sa domination est tellement écrasante ! Les salles où il se produit ne désemplissent plus et les télés optent pour des retransmissions en direct de toutes les rencontres où il est au programme. Une star.

En 1968, il rejoint les fameux Lakers de Los Angeles. Il y termine sa carrière en 1972, un deuxième titre à la clé, dans un cinquième match contre New York où il inscrit 24 points, prend 29 rebonds et 10 contres. Il devient d'emblée entraîneur à San Diego, mais n'insiste pas au bout d'une saison. Wilton Chamberlain se retire dans son immense propriété de Bel Air, se consacrant à l'écriture de trois livres sur le basket et à des commentaires épisodiques à la TV. Il restera célibataire, avec la réputation non-usurpée, paraît-il, d'un séducteur invétéré. Son avocat disait : « Certaines personnes collectionnent les timbres-poste, Wilt collectionne les femmes. »

Monstre d'orgueil, selon ses anciens partenaires, individualiste en diable, il décède à 63 ans, en 1999, victime d'ennuis cardiaques.

COMANECI Nadia

Cinq médailles d'or aux Jeux olympiques, 2 aux Championnats du monde, 9 aux Championnats d'Europe, voilà le superbe bilan de la carrière de Nadia Comãneci, l'inoubliable gymnaste qui, grâce à la TV, a conquis le monde, les amateurs de sport et les autres, lors des Jeux de Montréal, en 1976. Par sa grâce, son talent, son audace aux agrès et surtout par les notes de 10/10 qui n'avaient jamais été attribuées par des juges dans cette discipline hautement technique. Et les titres, à l'époque, de fleurir dans toute la presse: « La reine des Jeux », « La poupée roumaine », « A star is born », « Nadia pour l'éternité », etc.

Elle est née en 1961 à Onești, dans la Roumanie communiste écrasée par le régime Ceaușescu. À l'école maternelle, déjà, on lui détecte un don pour la gymnastique et il n'en faut pas plus pour que l'entraîneur Béla karólyi – qui aura une influence considérable sur le style qu'elle va adopter en compétition – l'embrigade dans son « école expérimentale ». C'est bien le terme qui convient à ce lieu où les enfants doués sont entraînés jusqu'à l'épuisement (ou parfois l'accident bien caché) pour en faire des championnes qui défendront l'honneur du pays et montreront sa puissance à travers le monde.

Mais Nadia tient bon et gagne. À 9 ans, elle est championne junior de Roumanie. À 13 ans, championne d'Europe chez les « grandes », en Norvège, au classement général et à trois agrès. L'année suivante, à Montréal, c'est l'apogée déjà. Elle n'a que 14 ans mais réalise un parcours exceptionnel, avec cette note de 10 qui fera date pour son enchaînement aux barres asymétriques. Elle réussira à sept reprises à convaincre le jury, subjugué, à lui accorder ce 10, ce qui n'était même pas prévu sur les tableaux d'affichage électroniques des Jeux. Inquiétés par la jeunesse de plusieurs concurrentes et les bruits qui circulent sur leur préparation dans les pays de l'Est, les organisateurs olympiques imposeront la limite d'âge de 16 ans, à l'avenir, pour participer à leurs compétitions.

Après son triomphe planétaire au Canada, sa fédération autoritaire l'enlève au couple Károlyi et la « place » au complexe sportif de Bucarest. Nadia ne s'y plaît pas, souffre du divorce de ses parents et son mal-être éclate à Strasbourg, dans des championnats du monde où elle ne recueille qu'une médaille d'or, à la poutre, en 1978.

La fédé change à nouveau son fusil d'épaule : retour de l'enfant-star chez Károlyi ! En '79, elle redevient championne d'Europe au général. En '80, championne olympique au sol, à Moscou, à égalité avec Nelly Kim. Elle prend sa retraite sportive en 1981 ; elle n'a que 20 ans... Immédiatement, on lui confie la direction des petites gymnastes juniores de Roumanie.

Pendant quelques années, Nadia Comãneci va être l'ambassadrice de son pays, mais elle est surveillée, épiée par la Sekuritate, la sûreté de l'État. Le fils du président Ceauşescu, manitou dans cette police, la harcèle, la menace et la force même à une relation pénible avec lui ! Elle parvient à quitter le pays de nuit en 1989, franchissant les barbelés de la frontière avec la Hongrie. Le régime dictatorial se venge sur ses parents, qui sont emprisonnés, interrogés et, s'il n'y avait eu la révolution roumaine quelques semaines plus tard, probablement condamnés à l'exécution, a-t-on dit à l'époque. Nadia rejoint les États-Unis, où elle a aimé se produire à plusieurs reprises et y épouse un autre champion olympique de gymnastique (par équipes), Bart Conner. Avec lui, elle met sur pied des stages pour jeunes gymnastes, organise des shows, des exhibitions, en Amérique comme à l'étranger.

Car ce fut la clé de la réussite éblouissante de Nadia : bien conseillée par Károlyi, elle avait changé le style « ballet » des championnes, dont la belle Larissa Latynina, qui avaient dominé la gymnastique jusqu'en 1976. Nadia alliait la grâce, la souplesse, à une technique impeccable et à des trouvailles, souvent audacieuses, qui transformaient la discipline d'antan.

Aujourd'hui, avec sa double nationalité, elle se rend plus fréquemment en Roumanie, dont elle est devenue le porte-parole du gouvernement. Elle porte aussi ce titre aux Nations unies à New York. Parlant plusieurs langues, et fort bien le français notamment, elle a commenté les Jeux de Pékin pour la TV mexicaine ! Elle est consultée et invitée un peu partout dans le monde, pose pour des publicités – car elle reste d'une grande beauté – et poursuit sa carrière d'organisatrice de spectacles gymniques avec son mari. À 45 ans, elle a donné naissance à un fils, Dylan. Sur internet, un site spécialisé vend les « unes » de grands magazines des quatre coins de la terre à son effigie, en compétition. Les autographes qu'elle a donnés à Montréal en 1976 se vendent même à prix d'or ! Elle a beaucoup gagné, beaucoup souffert, physiquement et moralement, mais elle n'a plus, désormais, le regard triste et le sourire figé de ses années de gloire. Maintenant, elle a vraiment l'air heureux !

COPPI Fausto

À Castellania, un petit village du Piémont : la tombe de Fausto Coppi, décédé le 2 janvier 1960, à 40 ans, ne cessera probablement jamais d'être fleurie. Les admirateurs du « Campionissimo » auront toujours le regard humide en égrenant les exploits d'un homme qui ne se contenta pas de révolutionner sa discipline sportive, le cyclisme. Au-delà de ses exploits, plus sensationnels les uns que les autres, Coppi bouleversa l'histoire des hommes et de son pays, lutta, pour se défendre, contre des idées dépassées, contribua à vaincre des interdits moyenâgeux qui firent tant de malheureux. Sa popularité, cultivée au rythme de ses exploits sportifs, l'encouragea à vivre sa vie comme il l'entendait. L'Italie changea d'époque grâce à un champion cycliste.

Après la Seconde Guerre mondiale, il épousa Bruna Ciampolini, la fille de son masseur. Fausto quitta le domicile conjugal en 1954 pour les beaux yeux d'une conquête : l'Italie fut secouée par cette romance qui était alors considérée comme un scandale. Coppi ne tint compte d'aucune pression, choisit de vivre au grand jour avec l'épouse d'un médecin, Giulia Occhini, surnommée « la Dame blanche », qui avait deux enfants. Le divorce était toujours interdit dans ce pays où l'État et l'Église, donc le Vatican, vivaient sur la même longueur d'onde. Un coureur cycliste, brillant et charismatique, les effrayait. Le Saint-Siège redoutait que les partis progressistes utilisent cette grande histoire d'amour pour s'attaquer au régime matrimonial italien.

Le 12 mars 1955, le procès Coppi-Occhini occupa la « une » de journaux. Le docteur Locatelli intenta cette action en justice pour « abandon du domicile conjugal et conduite contraire à la morale et à l'ordre familial ». Coppi fut condamné à deux mois de prison avec sursis. Fausto et sa « Dame blanche » auront un fils, Faustino, qui ne portera pas le nom de son père naturel. En Italie, de nombreux couples changeaient de nationalité pour reconnaître leurs enfants, nés illégitimement. C'est dire si le combat, donc les souffrances de Coppi, les intéressaient au plus haut point. En 1955, alors que le Giro faisait escale à Rome, le Pape Pie XII refusa de bénir le peloton qui abritait « un pécheur dont les fautes étaient connues de tous ». En fait, l'Italie allait s'en rendre compte plus tard : Coppi avait remporté cette course-là, celle du progrès, la plus éprouvante de sa vie.

Coureur professionnel de 1940 à 1959, il révolutionna le sport cycliste. Coppi et son vélo ne faisaient qu'un, une œuvre d'art. L'homme et la machine étaient unis dans une même beauté, unique en son genre.

Coppi s'intéressait à tous les aspects de son métier : diététique, nouvelles méthodes d'entraînement, médecine sportive, matériel, etc. Complet, il se distingua sur tous les terrains, que ce soit la montagne, la plaine, les pavés de l'Enfer du Nord ou la piste. Son panache donna un éclat particulier à ses nombreux raids solitaires, à ses duels avec Gino Bartali. En 1949, il réalisa le premier doublé Giro-Tour de France de l'histoire, exploit renouvelé en 1952. Son palmarès ne tarda pas à susciter l'admiration générale : champion du monde sur route (1953), une collection de titres italiens sur la route (1942, 1947, 1949, 1955), un duo de Tours de France (1949, 1952), cinq Giro (1940, 1947, 1949, 1952, 1953), des classiques (Milan-Sanremo 1946, 1948, 1949, Paris-Roubaix 1950, Tour de Lombardie 1946, 1947, 1948, 1949, 1954, Flèche Wallonne 1950), etc.

En 1951, son frère, Serse, décéda des séquelles d'une chute à l'arrivée du Tour du Piémont. Coppi fut très affecté par cette tragédie. En décembre 1959, il accompagna Raphaël Géminiani, Jacques Anquetil et Roger Rivière lors d'un voyage au Burkina Faso. Là, Coppi participa à un critérium et à un safari. À l'approche des fêtes de fin d'années, Géminiani s'alita suite à une crise de malaria, vaincue grâce à des doses massives de quinine. En Italie, les médecins n'identifièrent pas assez vite la cause de la fièvre de Coppi qui, pourtant, avait été victime d'une crise de malaria durant la guerre en Afrique du Nord. Coppi abandonna la vie le 2 janvier 1960. Une tragédie. Gino-le Pieux sera un des plus affectés. Bartali, l'homme de la tradition, pleura longuement Coppi qui incarna cette autre Italie qui rêvait d'une plus grande liberté.

CROIZON Philippe

Le 5 mars 1994, à 26 ans, alors qu'il était occupé à démonter l'antenne de télévision sur le toit de sa maison, le Français Philippe Croizon, marié et père de deux enfants, est électrocuté par une ligne électrique de 20 000 volts. Il fut alors transporté à l'hôpital de Châtellerault au centre intensif des grands brûlés. Il y passa trois mois et se vit amputé des quatre membres.

À l'issue d'une centaine d'heures d'anesthésie, de multiples opérations, de souffrance, tant physique que psychologique, de rééducation et d'apprentissage à la marche avec des prothèses, mais confiant dans son destin et fort d'une volonté peu commune, il décida de goûter à nouveau aux joies de la vie. Enfin, pas seulement de vivre. En effet, durant son hospitalisation, alors qu'il regardait sur le téléviseur de sa chambre une jeune nageuse tenter de réussir la traversée de la Manche, à 16 ans à peine[1], germa en lui l'idée de tenter le même exploit mais dans son cas sans bras ni jambes.

À partir de 2008, c'est-à-dire 14 ans plus tard, le handicapé français, fort du soutien de sa nouvelle compagne, décida de consacrer l'essentiel de son temps à la réussite de ce projet un peu fou. Il s'entraîna alors durant deux années, à raison de 35 heures de natation par semaine pour un total de 280 kilomètres par mois, en piscine, en lac et en mer, se soumit à des séances intensives de musculation et suivit un programme diététique sévère et adapté.

Le 18 septembre 2010, à 42 ans, soit 16 ans après son drame, Philippe Croizon, équipé de prothèses spéciales, de palmes de carbone et titane et revêtu d'une combinaison de triathlète,

1. Le 1er août 1994, la nageuse Marion Hans, réussit, à 17 ans, soit un an après sa première tentative, à traverser la Manche à l'issue d'un effort de 9 heures et 42 minutes.

s'élança de Folkestone, en Angleterre, et atteignit le cap Gris-Nez, en France, en 13 heures et 26 minutes[1].

L'objectif – exceptionnel – était atteint et le défi sur la mort, assuré. Une leçon de courage, de volonté et d'abnégation.

Quelques mois plus tard, il décida avec son ami et accompagnateur, Arnaud Chassery, un nageur valide, de relier les cinq continents en 100 jours. Ce nouvel exploit fut réussi un an et demi après. En voici le programme :

– En mai 2012, il réussit la première traversée Océanie-Asie, en reliant le village de Wutung en Papouasie-Nouvelle-Guinée à celui de Skow Mambo, en Indonésie,

– En juin, il relia le continent africain au continent asiatique, via la mer Rouge, en s'élançant de Taba, en Égypte, pour rejoindre Acaba, en Jordanie,

– En juillet, en traversant le détroit de Gibraltar (de Tarifa, en Espagne, à Punta Cirès, au Maroc), il relia l'Europe à l'Afrique,

– Enfin, le 12 août 2012, la jonction entre l'Amérique et l'Asie était réussie via le détroit de Béring (de la Petite Diomède, en Alaska, à la Grande Diomède, en Sibérie). Au total, Philippe Croizon nagea 45 heures, pour une distance de 85 kilomètres, en affrontant parfois des courants très violents, de fortes vagues et en évoluant dans des eaux aux températures parfois extrêmes (entre O°C et 3°C, dans le détroit de Béring).

1. Le plan initial avait prévu une durée de plus ou moins 24 heures pour parcourir les 33 kilomètres séparant les côtes anglaise et françaises.

CRUYFF Johan

Les premières images de Johan Cruyff qui nous reviennent en mémoire sont celles des trois finales de Coupe d'Europe des Clubs champions remportées consécutivement par l'Ajax Amsterdam en 1971, 1972 et 1973. Une équipe mythique, avec son maillot blanc à large bande rouge, dont le style de jeu élégant et offensif fut baptisé « football total » parce que son entraîneur Rinus Michels exigeait que ses attaquants défendent et que ses défenseurs attaquent. Cruyff, avec son célèbre n° 14, symbolisait parfaitement ce football total. Il avait la capacité de courir aussi vite avec ou sans ballon. Ses statistiques égalaient celle des meilleurs sprinteurs de l'époque : 3,8 secondes sur 30 mètres, départ arrêté. Ce qui lui valut le surnom de « Hollandais volant ».

En 1973, dans la foulée de sa troisième C1 remportée avec l'Ajax, Cruyff fut transféré au FC Barcelone. Il mit d'emblée les supporters dans sa poche en déclarant avoir préféré le Barça au Real Madrid parce que ce dernier était soutenu par Franco, et en décidant d'appeler son fils Jordi, un prénom typiquement catalan. Le succès 0-5 au stade Santiago Bernabeu – une humiliation pour les Madrilènes – acheva d'asseoir sa popularité. Au point qu'il pouvait tout se permettre, y compris fumer des « Camel » sans filtre à la mi-temps des matches.

Ce « football total » fut aussi la marque de fabrique de l'équipe nationale des Pays-Bas durant la Coupe du monde 1974. Les « Oranges mécaniques » furent impressionnants durant tout le tournoi, signant des victoires 2-0 contre le Brésil et 4-0 contre l'Argentine, mais ils tombèrent en finale contre une équipe d'Allemagne qui évoluait à domicile. Cruyff n'a jamais remporté la Coupe du monde, mais son talent individuel fut reconnu par l'attribution de trois Ballons d'or consécutifs en 1972, 1973 et 1974

L'histoire de Cruyff avec l'équipe nationale des Pays-Bas comprend quelques points noirs. S'il inscrivit un but dès sa première sélection, le 17 octobre 1966 contre la Hongrie, il devint deux mois plus tard le premier international néerlandais à recevoir un carton rouge et fut suspendu un an par sa fédération. Durant la Coupe du monde 1974, il porta un maillot orné de deux bandes sur les manches, alors que tous ses coéquipiers portaient un maillot à trois bandes, parce qu'il était sous contrat avec Puma alors que les « Oranje » étaient équipés par Adidas. En 1978, il déclara forfait pour la Coupe du monde en Argentine. Longtemps, on crut que son absence était une forme de protestation contre la dictature militaire qui sévissait à l'époque. Mais en 2008, Cruyff révéla à Radio Catalunya qu'elle était consécutive à une agression dont lui et sa famille avaient été victimes à son domicile catalan : « J'ai eu un fusil pointé sur ma tête, ma femme et moi avons été ligotés en présence de nos enfants. Il y a des moments où d'autres valeurs priment dans la vie. »

Malgré les pétitions de supporters et l'intervention de la reine Juliana en personne, Cruyff mit un terme à sa carrière internationale en 1977, sur un total de 48 sélections et 33 buts. Il décida d'arrêter tout court en 1978, à 31 ans à peine. Mais, poursuivi par le fisc espagnol, il partit aux États-Unis pour se refaire une santé financière. Après deux matches amicaux au New York Cosmos, il se lia aux Washington Diplomats puis aux Los Angeles Aztecs. De retour en Europe en 1981, il joua cinq mois en D2 espagnole avec Levante avant de revenir en décembre 1981 vers le club qui l'avait vu grandir, l'Ajax Amsterdam. Furieux de ne pas voir son contrat renouvelé, il s'engagea en 1982 avec le grand rival, le Feyenoord de Rotterdam, qu'il mena au doublé coupe-championnat en 1984. Dans la foulée, il rangea définitivement les crampons cette année-là, à 37 ans.

Devenu entraîneur, également à l'Ajax et au FC Barcelone,

Cruyff s'évertua à conserver le souci du beau jeu offensif. Son principal fait d'armes fut la victoire en Coupe d'Europe des Clubs champions 1992 avec le club catalan. La domination des Blaugranas fut telle que l'équipe fut surnommée Dream Team : une allusion à l'équipe de basket américaine qui, cette année-là, fit une démonstration aux Jeux olympiques de… Barcelone, précisément.

D'ABOVILLE Gérard

Gérard d'Aboville, vous connaissez ? Aujourd'hui, en dehors du monde nautique et de quelques amis et concitoyens français, on vous répondra sans aucun doute par la négative.

Certes, les deux exploits historiques de l'aventurier français ne datent pas d'hier mais la médiatisation de ceux-ci est sans aucune commune mesure avec ceux des stars du football, du cyclisme ou d'autres sports plus populaires. En réalité, des sports qui font vivre, vendre et font de l'audimat en permanence.

Et pourtant les performances de Gérard d'Aboville, d'origine aristocratique, ne sont pas des moindres et méritent respect et admiration. Elles donnent aussi, comme d'autres exploits, une réponse à nos existences quotidiennes marquées pour beaucoup par un manque évident de projets et une crise du sens et des valeurs.

À vrai dire, d'Aboville a été atteint par le virus de la mer et de la navigation dès son plus jeune âge. Après son service militaire, effectué au sein du régiment parachutiste – on y voit déjà la volonté de donner le meilleur de lui-même – il effectue une série de voyages qui lui permettront de découvrir le monde. C'est alors que lui prend l'idée folle de traverser l'océan Atlantique dans le sens ouest-est. Mais pas n'importe comment ! À la rame, en solitaire et sur une petite embarcation – ou plutôt une coquille de noix – d'à peine 5,60 m de long. Après deux ans de préparation, il embarque le 10 juillet 1980, à Cape Cod, au Massachussetts, pour un voyage de 5 200 kilomètres. Après 71 jours et 23 heures de traversée, il rejoint l'île d'Ouessant, en Bretagne.

Onze ans plus tard, après avoir pourtant déclaré qu'on ne l'y reprendrait plus, il repart à l'assaut d'un autre océan : le Pacifique. Cette fois-ci, sur une embarcation de sa conception – un mini-catamaran long de 8 mètres – et considéré comme insubmersible, le navigateur doit effectuer un périple de 10 000 kilomètres dans le sens inverse des courants ! Parti de Soshi, au Japon, le 11 juillet 1991, il atteindra le port d'Ilwaco, près de Portland, aux États-Unis, 134 jours plus tard. Exactement le 21 novembre de la même année.

Durant plus de quatre mois, s'hydratant grâce un déssalinisateur d'eau actionné par le mouvement à coulisse de son siège, le navigateur français s'imposera un rythme quotidien de 10 à 12 heures par jour en ramant comme un véritable galérien et en ayant dû affronter au raz des vagues, des déferlantes et des creux de plus de 20 mètres, 34 chavirages et 3 typhons.

D'Aboville y laissera d'ailleurs une quinzaine de kilos, tellement les efforts furent rudes.

Par la suite, le marin français se consacra à la politique et devint député européen de 1994 à 1999. Il dirige aujourd'hui le Conseil national de la navigation de plaisance et des sports nautiques ainsi que la Fondation du patrimoine maritime.

Il ne fait aucun doute que par son exploit héroïque le nom de Gérard d'Aboville peut figurer au panthéon des aventuriers de l'extrême.

DE GAYARDON Patrick

Il y a une bonne dizaine d'années, Patrick de Gayardon, « l'homme-oiseau », « le chuteur de l'extrême », déclarait dans une interview : « Le plaisir de sauter c'est arriver à réaliser ses rêves, et le rêve c'est de dire je peux aller dans le ciel et voler dans le ciel. Le jeu, en fait, est d'arriver à réaliser ses rêves en sécurité avec des moyens modernes. Ce qui m'intéresse avant tout ce n'est pas d'ouvrir mon parachute le plus bas, au risque de m'écraser au sol, mais de profiter de mes moments de chute pour donner libre cours à toutes mes fantaisies dans le ciel ». Dans une autre interview, il ajoutait : « Lorsqu'on est bien physiquement, intellectuellement et que son matos[1] est de qualité, il y a 99% de chance qu'il ne vous arrivera aucun problème ». Et pourtant ! Le 13 avril 1998, à Hawaii, lors d'un saut d'entraînement, pendant le tournage de certaines séquences d'un prochain film, de Gayardon, fort de milliers d'exploits, de prouesses, de cascades, mais aussi perfectionniste et minutieux dans l'âme, voit son parachute principal mal se décrocher ; et le second parachute de sécurité se bloquer aussi. Il ne lui restait plus qu'à regarder le sol et attendre l'impact... à 180 km/heure. Son destin s'arrêtait, à 38 ans à peine. Pourtant, Patrick de Gayardon aurait pu mourir à de nombreuses reprises, mais tout chez lui était bien calculé et préparé. Toutes ses premières ou ses cascades étaient minutieusement étudiées et rien n'était laissé au hasard. Lors de son dernier saut, fatal, Patrick de Gayardon avait sauté avec un matos qu'il avait amélioré lui-même le jour précédent. L'avait-il suffisamment contrôlé, testé ? Ce qui est sûr, c'est qu'il y a eu une erreur au remontage et celle-ci a prématurément mis fin à la vie de ce dieu du parachutisme.

Patrick de Gayardon de Fenoyl, surnommé « Deug », est né le

1. Matos signifie matériel, équipement, produits,...

23 janvier 1960, à Oullins, en France[1]. Sa mère était déjà une parachutiste émérite. Il est mort le 13 avril 1998, à Hawaii. Avant de se passionner pour le parachutisme, il pratiqua de nombreux sports, dont la planche à voile et le ski. On peut dire de lui qu'il fut non seulement un cascadeur en chute libre hors du commun mais aussi un créateur de génie. Le « skysurf[2] », c'est lui, le wingsuit[3], c'est encore lui. Patrick de Gayardon peut inscrire à son palmarès non seulement 12 000 sauts, en 17 ans (il comptait en effectuer encore une dizaine de milliers), mais ses exploits sont aussi exceptionnels que rares et impressionnants. Ainsi en Base jump[4], il a sauté depuis la plus haute chute du monde : le Salto Angel (979 mètres), au Venezuela, une dizaine de fois. Là où l'alpiniste-cascadeur français Jean-Marc Boivin se tua en voulant porter secours à une femme qui avait sauté juste avant lui. Peu après, du haut d'un hélicoptère, il a sauté dans la grotte-abîme du Sotano de las Golondrinas (la grotte des hirondelles), au Mexique. Un trou béant, qui ne laisse que 350 mètres de profondeur et 150 mètres de diamètre pour ouvrir son parachute ! En 1992, à Soulac, en France, il établit un nouveau record du monde de saut en altitude sans oxygène (11 690 mètres), record qu'il battra en 1995, lors d'un saut au-dessus de Moscou, par – 55°. En 1994, autre exploit à mettre à son actif : le premier saut en skysurf au-dessus du Pôle

1. DEUG signifie, en France, Diplôme d'Études Universitaire Générales. Ce surnom vient certainement du génie inventif qu'avait Patrick de Gayardon.

2. Le Skysurf se pratique à l'aide d'un surf spécial qui se fixe aux pieds du parachutiste et qui est équipé d'une poignée de libération utilisée avant l'ouverture du parachute. Le Skysurf permet de glisser sur l'air. Il existe également le Skysurf en tandem.

3. Le Wingsuit est une discipline de glisse qui a pour but de passer d'un mouvement de chute à un mouvement de vol. Pour ce faire, les parachutistes utilisent des combinaisons souples en forme d'aile. À l'atterrissage, ils doivent toutefois se servir d'un parachute car la vitesse sur trajectoire atteint 180 km/h. Le Wingsuit a été précédé dans les années 30 à 50 par une série de premiers hommes-oiseaux ayant nom Clem Sohn, Léo Valentin, Salvator Canarrozzo,…tous des pionniers, obsédés par le rêve d'Icare, et décédés dans le cadre de leur passion.

4. Le Base jump est une activité qui consiste à sauter d'un point fixe et non d'un avion. BASE venant de Buildings (immeubles), Antennas (antennes), Spans (ponts) et Earth (falaises). C'est une discipline dangereuse, extrême, qui engendre une douzaine de morts par saison.

Nord. À partir de 1994, de Gayardon va consacrer beaucoup de son temps à mettre au point le wingsuit. Un nouveau concept d'ailes souples attachées au corps du parachutiste, entre ses bras et ses jambes, et qui permettent de générer une portance, suivre une trajectoire à 45° et se diriger.

C'est avec cette combinaison ailée révolutionnaire que, largué d'un avion, il réussit, pour la première fois dans l'histoire, à remonter dans la cabine de celui-ci une minute plus tard. Lorsqu'un jour, lors d'une interview, un journaliste lui posa la question de savoir s'il était un sportif ou un cascadeur, Patrick de Gayardon répondit : « Le sport, c'est quand tu sais qu'il ne peut rien t'arriver si tu fais tout bien. La cascade, c'est quand tu sais qu'il peut t'arriver quelque chose même si tu fais tout bien ! ».

De la HOYA Oscar

Le boxeur américain Oscar de la Hoya, surnommé « Golden boy », né le 4 février 1973 à Los Angeles, fait partie du top du top de la boxe. Tant en amateur qu'en professionnel. Il est aujourd'hui le seul boxeur au monde, avec le Philippin Manny Pacquiao, à être devenu champion du monde dans six catégories différentes de poids : en super-plumes, en légers, en super-légers, en welters, en super-welters et en moyens[1]. Tout cela n'est évidemment pas le fruit du hasard. Fils de bonne famille, d'un grand-père et d'un père boxeurs également, de la Hoya n'a connu aucun problème familial. C'est un garçon bien éduqué et respectueux, qui a suivi des études et parle parfaitement l'anglais et l'espagnol. Mais, à six ans déjà, sa famille voulut qu'il devienne une star. Une star du ring, bien entendu. Tout a donc commencé chez les amateurs où il remporta 224 combats sur 229, dont 167 par K.O. et où il subit 5 défaites seulement. L'aboutissement fut une médaille d'or aux Jeux olympiques de Barcelone. Comme Cassius Clay, à Rome, Georges Foreman, à Mexico, et Sugar Ray Léonard, à Montréal. En professionnel, il livra 45 combats, avec un bilan de 39 victoires dont 30 par K.O et 6 défaites.

Durant sa carrière professionnelle et ses 6 titres acquis, de la Hoya se frotta à quasi tous les grands dans les catégories où il boxa. Comme contre Julio César Chavez, en super-légers, la légende vivante de la boxe mexicaine, qui avait avant ce combat, un palmarès de 96 victoires pour une défaite et un match

1. Catégories de poids, en kilos : super-plumes (entre 57,152 et 58,967), légers (entre 58,967 et 61,237), super-légers (entre 61,237 et 63,503), welters (entre 63,503 et 66,678), super-welters (entre 66,678 et 69,853), moyens (entre 69,853 et 72,574).

nul ; ou comme contre Pernell Whitaker, en welters, champion du monde dans quatre catégories ; ou encore comme contre le Portoricain Félix Trinidad, invaincu en 35 combats et qui s'est terminé par la première défaite du Golden boy aux points.

Par ailleurs, sur les 6 défaites de sa carrière, de la Hoya s'est notamment incliné contre deux super cracks du monde de la boxe : aux points, contre l'Américain Floyd Mayweather Junior, toujours invaincu à ce jour, et contre le Philippin Manny Pacquiao, le seul autre boxeur au monde à avoir remporté, comme lui, le titre dans six catégories différentes, par abandon au 8e round.

Boxeur de style, élégant, courageux et gros travailleur dans ses préparations, de la Hoya est également un homme de cœur qui a, par certaines actions caritatives, aidé beaucoup de gens, tant des jeunes que des adultes. Aujourd'hui, retiré du ring comme boxeur, il dirige la société « Golden boy Promotions » qui s'occupe du management de nombreux boxeurs de talent.

De SLOCUM Joshua à WATSON Jessica

Dans l'univers très particulier de la voile de compétition, universel mais réservé, il est vraiment très difficile de valoriser tel ou tel skipper. La raison, ou plutôt les raisons, sont multiples. D'abord, le nombre· élevé de compétitions. Ensuite, le type d'équipage, en solitaire, à deux ou à plus. Puis, le type de voilier, en monocoque ou en multicoque. Puis, encore, avec ou sans escale ou avec ou sans assistance. Et puis et puis et puis...Difficile donc pour « Monsieur tout le monde » de s'y retrouver. Dommage, pour un sport qui a conquis toutes ses lettres de noblesse, de par ses difficultés, ses dangers, ses innovations, son esprit de conquête et ses prises de risque. Bref, un sport qui, à l'instar de l'alpinisme, demande beaucoup d'engagement, de courage et de ténacité mais ne rend pas riche. Mais qui est, au bout du compte, beaucoup trop méconnu. Même si, à l'arrivée des vainqueurs dans certaines courses, des foules de 100 000 à 200 000 personnes se déplacent pour aller saluer ces héros de la mer. Alors, pour essayer de sortir quelques noms de navigateurs célèbres pour leurs performances, prenons la course qui est peut-être la plus difficile et la plus dangereuse : le tour du monde, en solitaire. Le premier exploit de ce type a été réalisé par Joshua Slocum. Un citoyen canadien, né le 20 février 1844, à Mount Haley, en Nouvelle-Écosse, dans une famille tournée vers les métiers de la mer. Le 24 avril 1895, ce navigateur inconnu quitta le port de Boston, capitale de l'État du Massachusetts, à bord du « Spray », un sloop en bois de 11,2m de long sur 4,3m de large, pour rejoindre, le 27 juin 1898, le port de Newport, capitale de l'État de Rhode Island, où il termina son tour du monde, en suivant l'axe ouest-est[1]. Bien sûr, à l'époque, il fut obligé de faire plusieurs escales et il en profita pour explorer le monde et passer plusieurs mois dans certains pays comme l'Australie ou l'Afrique du Sud.

Il faut alors attendre 70 ans pour voir un marin effectuer pour la première fois le tour du monde en solitaire et... sans escale. C'est la performance qu'a réalisée le navigateur anglais Robin Knox-Johnston, à bord du «Suhaili», un petit voilier de 9,7m à peine, dans le cadre du «Golden Globe Challenge»[2]. Parti de Falmouth, le 14 juin 1968, il reviendra à son point de départ, le 22 avril 1969, après un périple de 312 jours. Les 7 autres concurrents de la course ont tous été amenés à abandonner pour différentes raisons. En 2007, à 68 ans, il est devenu le navigateur le plus âgé à accomplir un tour du monde en solitaire, finissant même à la quatrième place de la «Velux 5 Oceans Race», un tour du monde, en solitaire mais avec certaines étapes obligatoires.

Si l'on parle du skipper le plus âgé, à propos de Robin Knox-Johnston, il nous faut aussi citer le nom du navigateur le plus jeune: Jessica Watson. Eh bien oui, une jeune fille! Née à Gold Cost, en Australie, le 18 mai 1993, Jessica Watson, à bord d' «Ella's Pink Lady», un sloop de 10,23m, a quitté Sydney, le 18 octobre 2009, en choisissant la route de l'est (Nouvelle-Zélande, Fidji, Kiribati, cap Horn, cap de Bonne-Espérance, cap Leeuwin et cap du Sud-Est) pour revenir à Sydney, le 15 mai 2010, après 210 jours de navigation. Sans escale, sans assistance et à même pas 17 ans.

À son arrivée à Sydney, après un périple de 7 mois, elle fut acclamée par des milliers de personnes, mais sa famille fut l'objet de nombreuses et virulentes critiques pour avoir laissé leur

1. Un sloop est un gréement de voilier, ponté et à quille, ne possédant qu'un mât.

2. Le Golden Globe Challenge (aujourd'hui remplacé par le Vendée Globe) fut la première course autour du monde, en solitaire et sans escale.

jeune fille se risquer dans une aventure trop périlleuse.

Aujourd'hui, le record de la durée du tour du monde, sans escale et sans assistance, en monocoque, est détenu, depuis 2013, par le skipper français François Gabart. Il est de 78 jours, 16 minutes et 40 secondes. En multicoque, le record est la propriété de Francis Joyon, sur un trimaran de 29 mètres, avec une durée de 57 jours, 13 heures et 34 minutes. Le second meilleur temps est détenu par l'Anglaise Ellen MacArthur, sur un trimaran de 23 mètres, en 71 jours, 14 heures et 18 minutes. Indubitablement, les multicoques sont plus rapides. Par ailleurs, tous les skippers, cités ci-avant, ont effectué la circumnavigation d'ouest en est, les vents et les courants étant plus favorables dans ce sens.

DESMAISON René

L'alpiniste et guide de haute montagne, René Desmaison (1930-2007), a été, dans les années 60-70, l'une des grandes figures de l'alpinisme français et mondial. Jugez-en : 114 premières, souvent de grande difficulté, dont de nombreuses hivernales, sur près d'un millier d'ascensions ! Ni plus ni moins. Dans les Alpes, les Andes ou l'Himalaya.

Né dans le Périgord, Desmaison s'est initié à l'alpinisme en pratiquant l'escalade sur les rochers de la forêt de Fontainebleau, en région parisienne. C'est là qu'il rencontra Jean Couzy avec qui il effectua ses premières grandes ascensions[1]. La suite sera une succession de grands exploits techniques, répartis sur une trentaine d'années, inaugurant vers la fin des années 50 le grand alpinisme hivernal dont notamment la première de la face ouest des Drus, dans les Alpes, avec Jean Couzy.

Desmaison fut aussi un personnage à part, au caractère entier, très médiatisé, au centre de nombreuses polémiques. Ainsi, en 1966, ignorant les réserves de la Compagnie des guides de haute montagne de Chamonix à son égard et devançant les secours officiels – ce qui ne lui fut jamais pardonné – il sauva, avec l'Américain Gary Flemming, deux alpinistes allemands en perdition dans le massif des Drus. Après avoir fait un reportage de ce sauvetage dans le magazine Paris Match, il fut radié de la Compagnie des guides et ne sera réintégré qu'en 2005.

« Il valait mieux que je sois seul, car si j'avais eu avec moi un compagnon n'ayant ni ma force ni ma résistance, nous ne serions pas revenus, car je ne l'aurais jamais abandonné ».

1. Jean Couzy (1923-1958) fut un alpiniste français, totalement amateur, qui participa en 1950, avec Maurice Herzog et Louis Lachenal, à l'expédition victorieuse de l'Annapurna (8 091 m), le premier 8 000, et le plus dangereux de la chaine himalayenne, réussi dans l'histoire de l'alpinisme. En 1955, il réalisa la première ascension du Makalu (8 463m).

Ces paroles de l'aviateur Henri Guillaumet qui, en juin 1930, s'est écrasé avec son avion dans les Andes, auraient pu marquer le destin de René Desmaison, lors de la tragédie des Grandes Jorasses. En effet, en 1971, René Desmaison et son compagnon de cordée, le guide Serge Gousseault, décidèrent de tenter une première : la directe hivernale, qui conduit directement au sommet de la pointe Walker, à 4 200 mètres, dans la face nord des Grandes Jorasses, dans les Alpes[1]. L'itinéraire est de grande difficulté et le retour difficile passé le cap des 3 600 mètres. La voie est longue, plus de 1 200 mètres, et nécessite en hiver au moins une bonne semaine avec de nombreux bivouacs, accrochés à la paroi, au-dessus du vide et dans des conditions climatiques extrêmes. Après deux semaines passées à lutter sur l'éperon Walker, Serge Gousseault mourut d'épuisement et de déshydratation, à... 80 mètres du sommet !

Desmaison décida alors de ne pas abandonner le corps de son compagnon alors qu'il pouvait s'en sortir seul. Lui aussi, à son tour, fut saisi par l'épuisement et condamné à attendre du secours. C'est alors que commença la polémique. Maurice Herzog, maire de Chamonix, ex-alpiniste et ministre des sports, déclara à plusieurs reprises qu'il y avait trop de vent pour tenter de poser un hélicoptère au sommet des Grandes Jorasses. À deux reprises pourtant, Desmaison effectua les signes de détresse correspondant à sa situation désespérée lorsque l'hélicoptère le repéra. Rien n'y fit, Herzog ne donna aucun feu vert. C'est alors qu'un pilote de la compagnie des CRS de montagne de Grenoble, Alain Frébaut, aux commandes d'une Alouette, se posa au sommet, entre les pointes Walker et Whymper[2], à sa première tentative et annonça par radio qu'il était au sommet

1. Horace Walker (1838-1908) fut un citoyen britannique qui a effectué les premières ascensions de l'Elbrouz (5 642m et premier sommet d'Europe), des Grandes Jorasses, de la barre des Écrins et de l'Obergabelhorn (4 063m).

2. Edward Whymper (1840-1911) fut un citoyen britannique qui a effectué les premières ascensions du Cervin (4 478m) et du Chimborazo (6 268m), en Équateur.

des Grandes Jorasses, qu'il faisait « grand beau » et qu'il n'y avait pas de vent. Herzog fut alors obligé d'envoyer quatre alpinistes pour descendre Desmaison et Gousseault, morts ou vivants !

Quelques heures plus tard, René Desmaison se retrouva en salle de réanimation, à l'hôpital de Chamonix, ayant survécu à un taux d'urée de 2,8 g/l[1].

Il dira plus tard qu'il était persuadé « qu'on avait voulu le laisser crever » pour lui faire payer le sauvetage des Drus !

1. Un taux d'urée normal se situe entre 0,15 et 0,45 g/l.

DI STÉFANO Alfredo

Merci ma vieille! Ces trois mots pourraient résumer la vie d'Alfredo Di Stéfano, buteur génial toujours au service de la cause collective. Sa « vieille », c'est ainsi qu'il appelait la balle.

Né le 4 juillet 1926 à Buenos Aires, en Argentine, Di Stéfano est l'un des rares footballeurs à avoir joué pour trois équipes nationales différentes: 6 matches avec l'Argentine (auteur de 6 buts, il remporta la Copa América), 4 avec la Colombie (toutefois non homologués par la FIFA) et 31 avec l'Espagne (23 buts). Il n'a cependant jamais participé à une Coupe du monde, car l'Espagne ne s'était pas qualifiée pour l'édition 1958 et il était blessé en 1962. Il ne participa pas non plus à la phase finale du premier Championnat d'Europe organisé en 1960: après avoir battu la Pologne durant la phase éliminatoire, la Roja aurait dû affronter l'URSS mais fut contrainte de déclarer forfait sur ordre du général Franco.

Malgré cela, il remporta le Ballon d'or à deux reprises, en 1957 et 1959, et il devint en 1989 l'unique lauréat d'un « Super Ballon d'or » récompensant l'ensemble de sa carrière. Ses 13 titres de champion national de première division dans 3 pays différents constituent le record du genre. Il a marqué 504 buts en 661 matches officiels, soit une moyenne de 0,76 but par match.

Dès sa plus tendre enfance, le gamin de Barracas (le quartier portuaire de Buenos Aires) prit l'habitude de ne jamais sortir sans un ballon. Son grand-père Miguel, originaire de Capri en Italie, fut le premier Di Stéfano à s'installer en Argentine. Son père, prénommé lui aussi Alfredo, fut cofondateur du Club Atlético River Plate. C'est forcément dans ce club-là que le jeune Alfredo Jr. commença sa carrière. Il était surnommé la Saeta Rubia (la Flèche blonde) en référence à sa vitesse phénoménale et à la couleur de ses cheveux.

En 1948, un mouvement de grève des footballeurs interrompit le championnat d'Argentine. Comme beaucoup d'autres, Di Stéfano fit ses valises et partit chez les Millonarios de Bogotá, à l'époque l'une des meilleures équipes d'Amérique du Sud, surnommée le Ballet Bleu pour la beauté de son jeu qui s'assimilait à une chorégraphie. Le hic, c'est que la Fédération colombienne de football n'était pas affiliée à la FIFA.

En 1952, les Millonarios furent invités à participer au tournoi organisé pour les 50 ans du Real Madrid. Le club, qui venait de porter la capacité de son stade à 125 000 places, souhaitait à tout prix recruter un grand joueur. Avec Di Stéfano, ce fut un coup dans le mille. Pour sa première saison dans la capitale espagnole, il permit aux Madrilènes de gagner leur deuxième championnat d'Espagne, 21 ans après le premier. Au cours de ses 11 années sous le maillot blanc, il s'adjugea huit Ligas, une Coupe d'Espagne et fut sacré meilleur buteur à cinq reprises.

Mais c'est surtout la toute nouvelle Coupe d'Europe des Clubs champions qui lui valut la reconnaissance internationale. Entre 1956 et 1960, le Real Madrid remporta les cinq premières éditions du tournoi, série inégalée à ce jour.

Son dernier match officiel avec les Madrilènes fut la finale de la Coupe d'Europe 1964, sa septième en neuf ans, qu'il perdit 1-3 contre l'Inter Milan. Il rejoignit alors, à 38 ans, l'Español de Barcelone pour deux dernières saisons. En guise d'adieu, le Real lui donna l'occasion de porter une ultime fois la tunique blanche lors d'un match amical contre le Celtic Glasgow, qui venait d'être sacré champion d'Europe. Il sortit à la 13e minute sous une *standing ovation*. Après une carrière d'entraîneur (Elche, Boca Juniors, Valence, River Plate et Real Madrid), Di Stéfano fut nommé, le 5 novembre 2000, président d'honneur du Real Madrid et inaugura, le 9 mai 2006, le nouveau stade de la filiale du Real, Castilla, qui porte son nom. Il fut aussi élu meilleur joueur de l'histoire du club, devant Zinedine Zidane et Raúl.

Dans le jardin de sa villa madrilène, il a fait ériger une statue représentant une balle ronde sur laquelle il a inscrit *Gracias vieja* (Merci ma vieille).

T. DIBABA
MOSCOW 2013
adidas

DIBABA Tirunesh

Une journaliste du « Figaro » a titré « La géante aux pieds ailés », émerveillée par la nouvelle victoire de Mme Dibaba, aux Championnats du monde d'athlétisme de Moscou, en 2013. C'est dire si cette « géante » de 1m54 et 44 kg a impressionné les observateurs présents dans la capitale russe. À juste titre. Car le palmarès que s'est construit la frêle spécialiste de fond éthiopienne depuis 2003 en fait l'une des meilleures athlètes de l'histoire.

Elle naît en 1985 sur les hauts plateaux de son pays, qui a déjà donné tant de grands champions, à commencer par le célèbre marathonien Abebe Bikila. Puis il y eut Gebreselassie, Bekele, et bien d'autres, chez les femmes aussi. Elle fait partie d'une famille qui a la course dans le sang, avec deux sœurs, notamment, très brillantes aussi sur le plan international. À 16 ans, elle vit à Addis-Abeba et fait partie du club... Le Pénitenciaire ! Premier exploit, qui fait toujours date dans les annales, elle devient la plus jeune championne du monde à 18 ans et demi. En 2003, sur 5000 m, à Paris. Dix ans plus tard, alors qu'elle est toujours en activité et toujours au sommet de son art, elle a engrangé trois médailles d'or olympiques, six titres mondiaux sur piste et quatre en cross-country. Elle est la seule athlète qui a réussi le doublé 5 000-10 000 aux Jeux, en 2008. Elle a aussi battu plusieurs records du monde sur 5 000 m.

Un souvenir parmi d'autres : au Championnat du monde de 2007, elle s'aligne en 5 000 avec des douleurs à l'estomac. Elle heurte deux concurrentes qui sont tombées, cède une vingtaine de mètres, mais s'accroche, pique au passage une bouteille d'eau prévue sur une table par les organisateurs d'Helsinki en raison de la forte chaleur, revient sur ses rivales et place un sprint fulgurant à 300 m du but. Bingo, elle s'impose encore !

En 2008, aux Jeux de Pékin, c'est le fameux doublé. Et puis la galère, car pendant près de quatre ans, elle va collectionner autant de blessures que de retours en forme et de victoires. Ce qui l'empêchera tout de même pas de participer aux Championnats du monde de Berlin et de Daegu. Elle restera 16 mois sans courir.

Retour gagnant de cette battante en 2012, aux Jeux de Londres, avec un succès en 10 000 m et une troisième place en 5 000 m, où l'emporte sa rivale de toujours, Meseret Defar. Même scénario l'année suivante à Moscou, au Championnat du monde : Tirunesh domine le 10 000 m (11e victoire sur 11 grands rendez-vous importants !) et Meseret le 5 000 m.

Depuis des années, Dibaba et Defar se font la nique dans les épreuves de fond. Elles ne se font pas de cadeaux, à tel point que leur fédération s'en mêle pour éviter leurs confrontations. En Éthiopie, quand deux filles se chamaillent, les parents leur disent souvent : « Ah non, tu ne vas faire ta Tirusnesh. Ou : tu ne vas pas faire ta Meseret »...

Passons. Car cela n'empêche quand même pas ces deux superstars d'être des idoles en Éthiopie. Avec l'aura des vedettes : lorsque Dibaba épouse le médaillé d'argent aux Jeux de Pékin en 10 000 m, son compatriote Shihine, on les fait parader dans une limousine à Addis-Abeba, avec retransmission télé en direct. Le soir, dans un dîner où se pressent un millier de convives, la petite Tirunesh côtoie le président éthiopien en personne. Invitée partout dans le monde à se produire, sur piste, sur route et en cross, elle se fait aussi un sérieux bas de laine. « Princesse Tirunesh », comme l'appellent les journalistes africains, porte des boucles d'oreilles en forme de cœur, mais son surnom en dit long : « la tueuse au visage d'enfant ». Exagération de journalistes people ou non, cela dit tout sur son tempérament de feu, et son insatiable appétit de victoires. Sans doute aussi sur le marathon, à l'avenir.

DIOCLÈS et PHILIPPIDÈS

Si l'on remonte à l'Antiquité (du IVe siècle Av. J.-C. jusqu'au Ve Ap. J.-C), on peut retenir deux noms qui auraient participé à de grands exploits sportifs.

Citons d'abord DIOCLÈS (104 à 146 Ap. J.-C.). Il aurait été le meilleur aurige – conducteur de char à quatre chevaux – de l'histoire des courses de chars. En tout cas, le plus riche. De 122 à 146, soit de ses 18 ans à sa mort (24 ans), il compterait 1 462 victoires pour 4 257 courses, dont 502 remportées dans le dernier tour. Ses gains, sous forme de primes de participation, de victoires et de transferts, comme aujourd'hui dans beaucoup de sports professionnels, seraient estimés à 35 863 millions de sesterces (la monnaie à l'époque romaine).

Autrement dit, plus que l'héritage de Néron, estimé à 30 millions. Selon un historien américain, cela représenterait aujourd'hui près de 11 milliards d'euros actuels ou plus précisément 456 millions d'euros par an. Bien plus, donc, que les Tiger Woods, Messi, Federer et autres Mayweather !

Gaius Appuleius DIOCLÈS, un esclave lusitanien illettré, fut embauché, à 18 ans, par l'une des grandes écuries de courses de chars. Les « Blancs ». L'équivalent des écuries de Formule 1. Celles-ci étaient entretenues par de riches mécènes, comme les sponsors aujourd'hui.

À 20 ans, il remporta sa première course avec les Blancs, mais c'est avec les Rouges qu'il remporta ses plus belles victoires, dont la plupart, hebdomadaires, se déroulaient au « Grand Cirque » de Rome. Un stade d'une capacité de 250 000 spectateurs et où les paris étaient déjà fort à la mode[1].

Le nom de PHILIPPIDÈS tient plus de la légende. Selon l'historien grec Hérodote (484-420 Av. J.-C.), PHILIPPIDÈS est un Athénien qui aurait parcouru (en 490 Av. J.-C.), dans le cadre de la guerre contre les Perses, une distance de 246 kilomètres en 36 heures. Cet effort pour effectuer la liaison, en courant, entre Athènes et Sparte, et demander de l'aide. Cette course serait à l'origine du SPARTATHLON[2].

Par contre, selon Plutarque, un autre historien et penseur, d'origine grecque également, PHILIPPIDÈS aurait couru sur une distance de 42 kilomètres, du petit village de Marathon à Athènes, pour informer ses supérieurs de la victoire de leurs troupes à la bataille de Marathon (490 Av. J.-C.). Il serait mort, épuisé, dès son arrivée à Athènes et l'annonce de ce succès.

L'épreuve du MARATHON tiendrait plutôt son origine de cet exploit[3].

Alors, Philippidès : marathon ou Spartathlon ? Peu importe, les deux épreuves sont aujourd'hui toujours d'actualité et le marathon est même devenu une épreuve populaire qui draine des foules énormes, pouvant réunir de 20 à 30 000 participants.

---

1. Le « Grand cirque » ou le « Circus maximus » était un énorme stade, à Rome, qui servit, dans un premier temps, à des courses de chars et, ensuite, d'hippodrome. Aujourd'hui, on l'utilise pour des grands rassemblements, comme des concerts ou des meetings géants.

2. Le Spartathlon est une course d'ultrafond de 246 kilomètres disputée, depuis 1983, entre Athènes et Sparte, dans une limite de 36 heures. Le record de l'épreuve est détenu, depuis 1984, par le Grec Yannis Kouros, en 20 heures et 25 minutes.

3. Le marathon a été créé en 1896, à l'occasion des Jeux olympiques d'Athènes. Sa distance est de 42,195 kilomètres. Le record du monde (2 heures, 3 minutes et 23 secondes) est détenu par le Kényan Wilson Kipsang. Il a été réalisé le 29 octobre 2013, à l'occasion du marathon de Berlin. Chez les femmes, le record (2 heures et 15 minutes) est détenu par l'Anglaise Paula Radcliffe et a été établi, lors du marathon de Londres, le 13 avril 2003.

DOUILLET David et RINER Teddy

Le monde du judo français (le judo est la cinquième fédération par importance au nombre de licenciés) peut pavoiser de voir deux de ses représentants faire la loi en poids lourds, la catégorie reine, depuis plus de deux décennies. Et ceci au niveau mondial. Il y a d'abord eu le maître, David Douillet (1,96 mètre – 125 kilos), de 1988 à 2000, et puis son successeur, Teddy Riner (2,03 mètres – 138 kilos), de 2005 à ce jour. Le premier a remporté deux Jeux olympiques, en 1996, à Atlanta, et en 2000, à Sydney, quatre championnats du monde et un championnat d'Europe. Riner a gagné aux Jeux olympiques de Londres, en 2012, s'est offert six titres de champion du monde et trois championnats d'Europe. À 24 ans à peine, il a toutes les chances de devenir un jour le judoka le plus titré de l'histoire du judo mondial.

Comment expliquer le succès phénoménal de ces deux sportifs ? D'abord, ils ont commencé à pratiquer leur sport favori dès leur plus jeune âge, sont ensuite passés tous deux par l'INSEP au niveau de leur formation, mais ont surtout pu bénéficier de qualités physiques exceptionnelles[1].

David Douillet, né le 17 février 1969, à Rouen, s'est lancé dans le judo à 11 ans, et à cet âge-là il mesurait déjà 1,80 mètre pour un poids de 80 kilos. Après avoir fréquenté avec succès la section sport-études du lycée Île de France, dans la banlieue parisienne, il intégra à 17 ans l'INSEP à Paris. À 19 ans, il remporta le titre de champion de France junior et en 1991, à 22 ans, il gagna son premier titre de champion de France senior.

1. L'INSEP est le centre d'entraînement de l'élite du sport français.

La machine était lancée.

Teddy Riner, né le 7 avril 1989, aux Abymes, en Guadeloupe, a rejoint la métropole parisienne avec sa famille quelques années seulement après sa naissance. À 5 ans, ses parents l'inscrivirent dans un club sportif, à Paris, où il s'initia à la pratique de plusieurs disciplines mais c'est à 13 ans qu'il opta définitivement pour le judo. Un choix qui allait s'avérer être judicieux par la suite. Puis ce fut l'INSEP, comme Douillet, pour la formation de pointe bien qu'encore cadet. Son premier grand exploit il le réalisa, alors qu'il n'avait que 18 ans, en devenant le plus jeune champion d'Europe. Puis, quelques mois plus tard, dix ans après son prédécesseur David Douillet, Riner devint le plus jeune champion du monde poids lourd de l'histoire chez les hommes. Pour ce dernier, les performances allaient également dès lors se succéder. À propos de cet exploit, David Douillet se montra d'ailleurs très élogieux à l'égard de Riner, en déclarant qu'à l'âge de 17 ans, il était en tous points inférieur à son jeune successeur.

Côté reconversion après carrière, David Douillet choisit la politique. Fin 2009, il fut élu député et, en juin 2011, il fut nommé secrétaire d'état chargé des Français de l'étranger avant d'être nommé ministre des sports. En 2012, il fut à nouveau réélu député lors des élections législatives. Par ailleurs, David Douillet a été et est resté une personnalité très populaire dans l'Hexagone.

En ce qui concerne Teddy Riner, depuis son titre de champion du monde junior, en 2006, de nombreux médias et entreprises diverses se sont intéressés à son image. Sponsoring et partenariats ont fait de lui, aujourd'hui, un multimillionnaire, ce qui est loin d'être une généralité dans le monde du judo. Ce qui ne l'a pas empêché de dire à propos de l'imposition à 75% des revenus dépassant le million d'euros par an, dans l'émission sportive nationale Stade 2, le 5 mai 2013, que « 75% d'impôts ! Comment on peut s'en sortir ? C'est super difficile ! On est d'accord, un million d'euros c'est bien, mais la vie est chère quand même ! »

DUCKADAM Helmut

7 mai 1986 : la finale de la Coupe d'Europe des Clubs champions oppose le FC Barcelone au Steaua Bucarest. Les Catalans sont donnés archifavoris, d'autant que le match se dispute au stade Sanchez Pizjuan à Séville. Mais ils butent sur un mur. À l'issue des 90 minutes réglementaires, le score est toujours vierge : 0-0. La prolongation n'apporte pas davantage de décision : aucun but n'est marqué. Il faut donc avoir recours aux tirs au but. Et là, les Blaugranas tombent sur un gardien en état de grâce : Helmut Duckadam détourne successivement les envois de Juan Ramon Alexanko, Angel Pedraza, Pichi Alonso et Marcos Alonso. Le gardien catalan Urruti ne demeure pas en reste : il détourne lui aussi deux tirs au but, ceux de Mihail Majearu et d'un certain Laszlo Bölöni, mais ce n'est pas suffisant : Marius Lacatus et Gavril Balint convertissent leurs envois et le Steaua, entraîné par Emeric Jenei, s'impose 2-0. Il devient, du même coup, le premier club de l'Est à remporter la plus prestigieuse compétition européenne.

Steaua signifie étoile en roumain. Le club de football, fondé le 7 juin 1947 par le ministère de la Défense, est celui de l'armée. Il s'appelait d'ailleurs, au départ, Associatia Sportiva Armatei. Première preuve des faveurs dont il bénéficia : il fut directement admis en D1 en lieu et place de l'équipe de Carmen, exclue de toute activité sportive. Il remporta son premier titre de champion en 1951. C'est en 1968 que le club prit le nom de Steaua. Il reste, aujourd'hui encore, le club le plus titré de Roumanie avec 24 titres de champion et 21 coupes nationales. Il remporta également la Supercoupe d'Europe 1986 (1-0 contre le Dynamo Kiev) et fut encore finaliste de la Coupe d'Europe des Clubs champions en 1989 (battu 4-0 par l'AC Milan).

En une soirée, Duckadam – international à deux reprises en 1982 – était devenu le héros de tout un peuple à qui il avait permis d'oublier, l'espace d'un instant, la terrible dictature du clan Ceaușescu. Pourtant, quelques semaines après la finale, il dut mystérieusement interrompre sa carrière, à 27 ans à peine. Selon la version officielle, il souffrait d'arthrite aux doigts et n'était plus en mesure de jouer. On évoqua aussi une thrombose. Mais le journaliste français Dominique Paganelli, dans un livre intitulé Libre arbitre publié chez Actes Sud, avança une autre version. Selon lui, Duckadam aurait reçu en cadeau, des mains du Roi Juan Carlos, une superbe Mercedes 190E. Celle-ci aurait été confisquée, à son arrivée à Bucarest, par Nicolae Ceaușescu, amateur de belles voitures qui aurait proposé à Duckadam d'échanger son rutilant bolide contre une petite Renault plus conforme aux aspirations du peuple. Malgré la peur et la raison qui lui suggéraient d'accepter la transaction, le gardien aurait refusé et aurait reçu, quelque temps après, la visite des membres de l'impitoyable Sekuritate qui lui auraient brisé les poignets pour avoir résisté au dictateur.

Cette version n'est pas confirmée en Roumanie et a même été niée par l'intéressé, y compris après la chute du régime de Ceaușescu.

Pourtant, Paganelli persiste et raconte dans son livre : « Quelques mois plus tard, avant une demi-finale de Coupe d'Europe entre le Steaua Bucarest et le club turc de Galatasaray, je devinais, dans les sombres couloirs du stade, une silhouette massive qui ne m'était pas inconnue. C'était lui, le héros de Séville. Je suis discrètement allé le voir, et lui ai serré la main, ou ce qu'il en restait. Soudain, il se mit à trembler. Valentin Ceaușescu, le deuxième fils, venait de croiser son regard. Il retourna dans l'ombre, dans cette prison sans barreaux, celle de la solitude et de l'anonymat. »

Duckadam, né le 1er avril 1959 à Semlac, ne rejoua au football qu'à partir de 1989, en troisième division roumaine, dans le petit club du Vagonul Arad, voisin de l'UT Arad où il avait débuté sa carrière professionnelle en 1978. Le héros de Séville est retombé dans l'anonymat aussi rapidement qu'il s'était hissé au faîte de la gloire. Et le mystère concernant la raison exacte de sa brusque fin de carrière demeure entier.

ENGELS Stefaan et puis...ABAD Ricardo

Lorsque le Belge Stefaan Engels courut, en 2010, 365 marathons en 365 jours, personne n'y croyait. Âgé de 49 ans, ce graphiste de métier (à l'époque) pulvérisa, à cette occasion, le record de l'Espagnol Ricardo Abad Martinez, qui était de 150 marathons en 150 jours.

Il faut quand même préciser que le marathonien belge n'était pas le premier venu et qu'il détient encore aujourd'hui le record du monde du plus grand nombre de triathlons (20) de type Ironman, effectués en un an[1].

Mais qui pouvait penser que le nombre de 365 marathons d'Engels allait, à son tour, être sérieusement mis à mal. En effet, du 1er octobre 2010, à Tafalla, au 12 février 2012, à Barcelone, Ricardo Abad allait courir 500 marathons en 500 jours. Soit une distance de 21 000 kilomètres et au moins un marathon dans chacune des cinquante provinces espagnoles.

Tout simplement prodigieux lorsqu'on sait que cet athlète continua à travailler tout au long de ce parcours. Huit heures par jour et en équipes. Une semaine le matin, une autre l'après-midi et la dernière durant la nuit. Ce qui l'amena à parfois devoir courir deux marathons dans un délai de quelques heures. Apparemment, son record n'aurait toutefois pas été reconnu par le « Guinness book des records » pour une histoire de réglementation. Mais peu importe, l'Espagnol a quand même réalisé un exploit hors du commun, qui lui valut le titre de « Prince des Asturies des sports », la plus haute distinction sportive espagnole.

---

1. L'Ironman est la forme la plus longue de triathlon : 3,8 km, en nageant ; 180 km, à vélo, et 42,195 km en course à pied.

Quant aux 20 triathlons de Stefaan Engels, il est aussi passé à la trappe. En juin-juillet 2013, le Français Didier Woloszyn réalisa 33 Ironman en 33 jours. Mais, dans cas aussi, le record appartient toujours à Engels car, contrairement à Woloszyn, qui effectue ses parcours de nage en piscine, le citoyen belge les a, chaque fois, réalisés dans le cadre de véritables compétitions. Et, donc la partie natation s'est déroulée en mer.

Quant à la plus longue distance courue à pied, sans journée de repos, elle est l'œuvre de l'ultra-runner français, Serge Girard. Ce dernier, âgé de 56 ans, a parcouru, en 2009, dans le cadre d'un tour d'Europe, 22 582 kilomètres en 307 jours. Le précédent record était détenu par l'Indien Thista Kumar Phani (22 581 kilomètres), en 2005.

À propos de Serge Girard, il est intéressant de constater que ce sportif, conseiller financier de profession, a traversé en courant tous les continents, à raison de 70 kilomètres et 10 heures par jour. Durant sa traversée de l'Europe et de l'Asie, en 260 jours, il a traversé les pays suivants : la France, l'Allemagne, l'Autriche, l'Italie, la Croatie, la Bosnie-Herzégovine, l'Albanie, la Grèce, la Turquie, l'Iran, le Turkménistan, l'Ouzbékistan, le Kirghizistan, la Chine et, pour terminer, le Japon.

HONDA
L&M
Racing
RADSON
RADSON
UFO
TWENTY

EVERTS Stefan

La Belgique a véritablement été le berceau du motocross : que de champions du monde, depuis les années '60 ! Joël Robert, Roger De Coster, André Malherbe, Gaston Rahier, Eric Geboers, Georges Jobé et on en passe. Sans oublier tout de même Harry Everts, quatre titres mondiaux ! le père de Stefan, qui est recordman absolu des victoires dans le grand cirque de la moto tout-terrain. On ne s'étonnera donc pas s'il pilotait déjà à l'âge de... 4 ans. Stefan (né en 1972) a naturellement été couvé par son champion de papa et, à 17 ans, il participe à son premier Grand Prix, en 125 cc. Deux ans plus tard, c'est la consécration : champion du monde de la catégorie la plus légère, en 1991. Il est déjà, évidemment, un pilote professionnel. Il suit la filière traditionnelle, passant aux engins de 250 cc et y devenant meilleur au monde trois années consécutivement ('95 à '97). La catégorie reine ensuite, les 500 cc, où il va dominer l'opposition internationale sans interruption pendant cinq années, et en chevauchant les machines de quatre constructeurs japonais différents. Preuve que le pilote prend le pas sur la qualité de sa moto. Les deux vont de pair, bien sûr.

Parmi les plus beaux souvenirs de sa carrière, Stefan Everts cite sans hésiter le GP de France 2003, à Ernée : 17 000 spectateurs l'acclament pour avoir réussi à l'emporter durant le même après-midi dans les trois grandes courses du programme : 125 cc, puis les deux nouvelles catégories, le Moto-cross GP et les 650 cc. Un exploit vraiment unique.

Everts remporte son dernier championnat du monde en 2006, là où il signe 14 victoires sur 15 Grands Prix, une performance fabuleuse. Il clôture sa carrière avec 10 titres mondiaux, 101 victoires en Grand Prix et, ce qui n'est pas négligeable non plus,

5 succès avec la Belgique dans le moto-cross des Nations par équipes. Les journalistes sportifs belges le désigneront à cinq reprises « Sportif de l'Année », alors que la concurrence est rude, avec les athlètes et les cyclistes notamment. Dans la presse sportive internationale, on l'appelle « The King » ou « The legend », ce qui lui convient mieux.

La vie de champion n'est toutefois pas un fleuve tranquille. Le moto-cross est un sport à risques et si les accidents mortels y sont rares, les chutes font souvent très mal : Stefan, pilote habile, a été victime de nombreux accidents, à l'entraînement comme en compétition, qui lui ont valu dix opérations (genoux, bras) et dix fractures.

« Il faut une bonne condition physique pour vite guérir et revenir au top », confie-t-il. Il s'est toujours préparé avec soin pendant sa carrière, s'adonnant au footing, au vélo et à la natation, préservant aussi son poids plume. Homme simple (mais domicilié tout de même à Monaco...), charitable, toujours prêt à donner de son temps à la presse ou pour des actions humanitaires, polyglotte, il est toujours apprécié, tant à l'étranger qu'en Belgique. Toutes ces qualités lui ont d'ailleurs valu d'être engagé par l'usine autrichienne KTM pour la formation de ses jeunes pilotes et pour la direction de son équipe course. Il séjourne souvent en Espagne où il dirige son école de moto-cross sous l'égide de son fabricant.

FANGIO Juan Manuel

Bien sûr, ces dernières années, il y a eu Prost, Senna, Schumacher, aujourd'hui Vettel, tous superpilotes de Formule 1. Mais, à l'époque où les circuits étaient tellement dangereux que les compétiteurs risquaient leur vie à chaque tour, il y eut Fangio. Un as de la discipline, un rescapé aussi des courses folles sur des tracés où plus aucun pilote, de nos jours, n'oserait se lancer avec un bolide. Avec 24 victoires sur 51 Grands Prix auxquels il a participé, l'Argentin possède la meilleure moyenne de la F 1. Et cinq titres de champion du monde dans quatre équipes différentes, record du genre.

Fils d'immigrés italiens, dans une famille de six enfants, Juan Manuel Fangio (1911-1995) était déjà apprenti mécanicien à 11 ans, dans sa ville natale de Balcarce. Dans cet atelier de préparation de voitures de course, il s'est pris de passion pour les engins de compétition. À 16 ans, le concessionnaire Studebaker lui permet de faire des essais sur des prototypes de compétition. Mais l'ascension sera longue, retardée aussi par la guerre qui ralentit les échanges entre l'Amérique du Sud et l'Europe, où l'on ne court plus. Il gagne sa première épreuve en 1940 : un rallye dantesque de 9445 kms entre Lima (Pérou) et Buenos-Aires (Argentine). Avec une traversée dans la rocaille et la poussière de la cordillère des Andes, où il faut franchir des cols à 4000 m.

En '48, il rejoint enfin le Vieux Continent et participe à son premier Grand Prix, à Reims. Mais le moteur de sa Gordini casse et il ne termine pas. Première victoire F1 en 1950, à Monaco, puis à Francorchamps. Il se classe deuxième, derrière son coéquipier Farina au championnat du monde, sur Alfa Roméo. Fangio signe son premier titre l'année suivante, entame une période de rivalité intense avec l'Italien Ascari. Il doit attendre

1954 pour renouer avec les grands succès : en Argentine et en Belgique, sur Maserati. Puis il étrenne la voiture de légende de la F1, la fameuse voiture argentée de Mercedes, qui ajoutera beaucoup à sa propre gloire. Avec elle, il remporte d'emblée le GP de France et redevient champion mondial. En 1955, aux 24 H du Mans, il suit de près la voiture du Français Levegh, qui quitte la route et tue 80 spectateurs et en blesse autant, dans la grande tribune. Il sera de nouveau le meilleur du monde, en F1. Passage chez Ferrari, en 1956, où il enlève son quatrième titre, favorisé dans le dernier GP de la saison par le sacrifice de son coéquipier Peter Collins, qui freine pour lui donner un maximum de points... Douze mois plus tard, Fangio clôture sa moisson avec un 5e titre, non sans avoir réalisé une course fantastique au Nürburgring. Distancé à mi-course de près d'une minute par les ténors de l'époque, il ne cesse de battre le record du tour, reprend tous les fuyards et s'impose. Du grand pilotage.

Il court encore en 1958. Au GP de France, il est à nouveau très marqué par l'accident mortel de son ancien équipier Musso. Hawthorne gagne et a l'occasion de doubler Fangio, mais le pilote anglais déclare : « On ne prend pas un tour à cet homme-là... » Après le GP d'Argentine, où il se classe quatrième, il vit une aventure rocambolesque, à La Havane en catégorie « Sport ». Les rebelles castristes le kidnappent, pour faire parler d'eux. Mais ils le libèrent le lendemain. Il se félicite, tout de même, d'avoir été empêché de courir, car l'épreuve a connu un carambolage meurtrier. La bonne étoile...

Fangio se retire alors des grandes compétitions. Il a 47 ans et il a échappé aux drames d'une F1 où les circuits sont très dangereux, sur des routes bosselées, des bottes de paille insignifiantes pour protéger les pilotes des arbres, des murets et des maisons dans les virages. Durant sa carrière, plus de 30 pilotes ont perdu la vie! Ceux que l'on appelait, à l'époque, les *gentlemen drivers.*

Fangio est devenu un mythe, dans le monde entier. En 1974, Mercedes le nomme président-directeur général pour l'Argentine. En 2007, douze ans après sa disparition, son pays le nomme à titre posthume « Le plus grand Argentin de tous les temps». Il laisse le souvenir d'un pilote évidemment hors normes, mais aussi fair-play, invariablement courtois, posé, simple, unanimement apprécié. Encore que... Après avoir été le protégé du président Peron et de sa femme Evita, il va s'afficher avec le général Videla, le dictateur des heures les plus sombres de l'Argentine. Certains députés rappelleront ces souvenirs, mais cela restera sans suite.

On retiendra à son propos la réflexion du grand pilote que fut aussi Stirling Moss : « Le moyen le moins cher pour former une équipe gagnante en Grand Prix, est d'engager Fangio... »

FEDERER Roger

« Le gendre idéal »... Expression française que l'on consacre, très rarement, à un jeune homme bien de sa personne, beau, gentil, riche et...vainqueur en ce qui concerne Roger Federer. Car ce Suisse poli et triomphateur durant tant d'années en tennis a toujours eu tout pour plaire et ses fans ne se comptent plus de par le monde. Un enfant doué, né à Bâle en 1981 d'une mère sud-africaine (ascendance franco-hollandaise) et un père suisse allemand. Il débuta à 8 ans sur les courts dans un club au nom marrant pour un gosse, le TC Old Boys. Première victoire en simple Junior à Wimbledon et en double avec le Belge Olivier Rochus. Il passa professionnel en 1998, à 17 ans déjà. Premier succès sur le circuit ATP l'année suivante, à Brest. Il alla se hisser dès lors tout au sommet de la hiérarchie mondiale, la dominant longtemps de la tête et des épaules. Pendant plus de dix ans. Il a battu le record de semaines successives en tant que n° 1 au classement mondial : 302, soit quasiment cinq ans... Fabuleux !

À son actif, alors qu'il n'a pas encore renoncé à sa carrière, Federer compte 17 Grands Chelems, 77 succès en tournois de simple et 8 en double. Et sur cinq surfaces différentes, ce qui n'est pas courant pour un tennisman, car bien souvent un revêtement ne lui réussit pas. Comme Sampras, il a remporté 7 fois Wimbledon, le fleuron de la discipline. Et à 5 reprises, il fut en fin d'année numéro 1 mondial. Champion olympique aussi en double avec son compatriote Wawrinka aux Jeux de Pékin et médaillé d'argent en simple (battu par l'Ecossais Murray) aux J.O. de Londres. Pourtant, les rivaux de classe se sont succédés. On citera notamment Roddick, Djokovic, Murray, Nadal... En 2013, après quinze ans de professionnalisme, il a commencé à décliner, perdant contre des adversaires de valeur très moyenne. Ses partisans espéraient qu'il ne ferait pas, alors, l'année de trop.

De l'avis des meilleurs spécialistes et analystes internationaux du tennis, Federer a été le joueur qui se rapprochait le plus de la perfection en tennis. Avec des atouts impressionnants, selon eux : un jeu varié, complet, d'une exceptionnelle coordination, avec fluidité, décontraction. On avait l'impression qu'il ne « forçait » jamais. S'il était sous pression, il ne le montrait pas, comme Borg jadis. Il avait des frappes très relâchées, des coups inattendus, voire acrobatiques, des coups de fouet disent les connaisseurs. Son coup droit était son fort, car il lui permettait souvent de conclure un échange avec une accélération foudroyante, mettant la balle hors de portée de l'adversaire.

Impossible d'en finir avec ses qualités, mais il faut noter sa bonne hygiène de vie qui lui a permis de ne pas connaître beaucoup de blessures. Ou alors jamais rien de grave en tout cas, avec l'avantage de pouvoir « tenir » sans faiblir dans les matches de longue durée. Étonnant : sur 1000 matches joués, il n'a jamais abandonné sur un court ! La perfection technique, sans effort apparent, avec élégance. Pas de cris, pas de « han », rarement une raquette cassée par dépit. Le Suisse a aussi été l'un des seuls tennismen à voyager partout avec son cordeur personnel. Question, disait-il, d'avoir confiance en sa raquette et de ne pas connaître de mauvaise surprise. Par ailleurs, il a consommé quelques entraîneurs, tous anciens joueurs comme Lundgren, Tony Roche, Lendl, Higueras et Paul Annacone. En gagnant toujours et sans agressivité sur le court, contrairement à pas mal de collègues. Il n'était pas là pour faire la guerre. L'autre était un partenaire et lui, tout, sauf un cogneur féroce.

Enfin, fidèle aux bonnes résolutions des champions gâtés par la vie, il a aujourd'hui sa Fondation pour l'enfance, il est ambassadeur de l'Unicef et il se libère volontiers pour des actions humanitaires d'envergure, donnant de sa personne et de sa fortune... évidemment colossale. La presse, on s'en doute, l'a toujours bien aimé, car il ne l'a jamais boudée ou snobée. Roger Federer a été une vedette sportive très accessible, parlant quatre langues avec facilité, ce qui n'est pas courant dans le milieu.

FIENNES Ranulph

Pour figurer dans le « Guinness Book des Records », au titre de « plus grand explorateur vivant », le citoyen britannique, Ranulph Fiennes, né le 7 mars 1944, à Windsor, en Angleterre, est tout sauf le dernier venu dans le cercle des plus grands aventuriers au monde. Élevé en Afrique du Sud par sa mère, après la mort de son père, un officier anglais, lors de la bataille du mont Cassin, en Italie, au cours de la Seconde Guerre mondiale, Ranulph Fiennes s'engagea, dès la fin de son adolescence, dans l'armée anglaise. Il y resta huit ans. Il fut d'abord intégré chez les commandos du SAS (Special Air Service) où il devint spécialiste en explosifs. Ensuite, lors des deux dernières années de son contrat avec l'armée, il se mit au service du sultanat d'Oman, où il combattit durant la rébellion du Dhofar qui opposa durant plusieurs années le pouvoir à des sécessionnistes omanis.

À partir des années soixante, Fiennes commença à se consacrer à l'exploration, surtout polaire, battant record sur record, et ce, jusqu'au début de l'année 2013, lorsqu'à 69 ans il tenta encore d'établir un nouveau record mondial : la traversée en six mois de l'Antarctique, en hiver et à skis. Mais, durant la préparation, à cause de gelures à la main gauche, il dut abandonner, la mort dans l'âme. Il fut alors secouru et envoyé à Cape Town, en Afrique du Sud, pour se faire soigner[1].

Ses équipiers, au nombre de cinq, décidèrent néanmoins de poursuivre l'expédition sans lui pour tenter de réussir, à partir

1. Lors d'un entraînement, avant la date de départ, fixée au 21 mars 2013, Fiennes avait dû enlever ses gants pour réparer une fixation à l'un de ses skis. Mais l'environnement était particulièrement hostile (moins 30°) et en un peu plus de quinze minutes, quatre des doigts de sa main gauche gelèrent obligeant l'aventurier à abandonner. Fiennes avait déjà connu pareille mésaventure avec sa main gauche, en 2000, lors d'une tentative pour atteindre le pôle Nord, seul et sans assistance. Compte tenu de la douleur provoquée par les gelures, l'explorateur s'était résigné à se couper lui-même, à l'aide d'une scie, les bouts de ses doigts nécrosés.

du 21 mars 2013, cette première traversée de l'Antarctique, en hiver. Soit 3 200 kilomètres sans assistance et sans secours possible et avec des températures pouvant atteindre moins 70 degrés.

Le plus grand exploit de Ranulph Fiennes est sans doute l'expédition « Tranglobe », qui lui permit, entre 1979 et 1982, en compagnie de deux équipiers, Olivier Shepard et Charles Burton, des anciens des SAS, d'effectuer le tour du monde par un axe polaire. C'est-à-dire, en passant en un voyage par le pôle Nord, en Arctique, et par le pôle Sud, en Antarctique.

Mais Fiennes est aussi le premier homme à avoir traversé – en 1992/1993 – l'Antarctique, à pied et sans assistance, en 93 jours. Un autre exploit à souligner est que, malgré une attaque cardiaque survenue peu avant, il participa, en 2003, à une série de sept marathons effectués en sept jours et sur sept continents différents : le 26 octobre, le marathon de Patagonie, en Amérique du Sud ; le 27, celui des Malouines, en Antarctique ; le 28, celui de Sydney, en Australie ; le 29, celui de Singapour, en Asie ; le 30, celui de Londres, en Europe ; le 31, celui du Caire, en Afrique, et le 1er novembre, celui de New York, en Amérique du Nord.

En mars 2007, Fiennes gravit l'Eiger, par la face nord, et en mai 2009, à 65 ans, il devint le plus vieux citoyen anglais à avoir gravi l'Everest.

Aujourd'hui encore, l'explorateur vétéran se farcit journellement deux heures de course à pied pour maintenir sa forme !

FIGUEROA Elías

Don Elías, comme on le surnommait, fut l'un des meilleurs défenseurs centraux du XXe siècle. Il était réputé pour son sens de l'anticipation, son jeu aérien et ses relances précises. Son influence et son charisme lui valurent de porter le brassard de capitaine dans toutes les grandes équipes au sein desquelles il évolua. Il fut sélectionné pendant 16 années en équipe nationale du Chili et, fait rare pour un stoppeur, fut élu meilleur joueur sud-américain en 1974, 1975 et 1976 par le journal vénézuélien El Mundo.

Rien ne laissait cependant présager une telle carrière. Né le 25 octobre 1946 à Valparaiso, le célèbre port de la côte Pacifique, Elías Figueroa souffrit durant sa jeunesse d'une crise d'asthme, puis d'un début de poliomyélite. Des maladies qui l'empêchèrent de pratiquer régulièrement le football. Ce n'est qu'une fois guéri qu'il put s'aligner avec un club local, le Club Deportivo Liceo. C'était un milieu de terrain habile et intelligent. C'est aux Santiago Wanderers qu'il devint un arrière central. En 1962, alors qu'il n'avait que 16 ans, il impressionna les observateurs lors d'un match amical de son équipe junior face à l'équipe nationale du Brésil, qui préparait la Coupe du monde 1962 dans la région de Valparaiso. L'équipe nationale lui ouvrit ses portes : à 19 ans, il était titulaire à la Coupe du monde 1966, au sein d'une intraitable défense chilienne surnommée « la muraille rouge ».

Au retour d'Angleterre, il fut recruté par les Uruguayens du CA Peñarol, l'un des plus grands clubs du monde à l'époque. Il excella devant le légendaire gardien Ladislao Mazurkiewicz et participa, quatre ans plus tard, à sa deuxième Coupe du monde au Mexique.

Début 1972, il signa à l'Internacional Porto Alegre, l'un des meilleurs clubs du Brésil, alors qu'il était courtisé par de grands clubs européens. Cette période constitua l'apogée de sa carrière sportive.

Pour l'équipe nationale, le chemin qui mena à la Coupe du monde 1974 fut mouvementé. Après avoir éliminé le Pérou, les Chiliens affrontèrent l'URSS dans un barrage Amérique du Sud-Europe. Ils firent match nul à Moscou et profitèrent d'un « forfait politique » au retour. Les Soviétiques refusèrent de jouer dans le stade national de Santiago qui avait servi de camp de rassemblement et de concentration lors du coup d'état militaire instauré par le dictateur Augusto Pinochet, le 11 septembre 1973. La FIFA n'accéda pas à la demande des Soviétiques de jouer le retour sur terrain neutre et, le 21 novembre 1973, 40 000 spectateurs virent leur équipe entamer un match sans adversaire. Francisco Chamaco Valdés poussa le ballon dans le but vide et la FIFA avalisa le 1-0 de ce « match fantôme ». Plus tard, elle transforma ce score en un forfait de 2-0.

En Allemagne, durant la phase finale, les Chiliens ne passèrent pas le cap du premier tour, mais cela n'empêcha pas Figueroa de figurer dans l'équipe-type du tournoi, aux côtés de Franz Beckenbauer en défense centrale. Lors du premier match contre la RFA, l'attaquant chilien Carlos Caszely fut le premier joueur de l'histoire à recevoir un carton rouge. Au moment du départ pour l'Europe, Pinochet l'avait salué en lui disant cyniquement : « Vous êtes le premier footballeur de gauche à jouer pour la droite. » Il lui avait répondu, tout aussi cyniquement : « Je joue effectivement… sur l'aile droite ! »

En 1976, Figueroa décida de rentrer au Chili, et s'engagea avec le modeste club de Palestino, avec lequel il remporta la Coupe nationale en 1977 puis le championnat l'année suivante, en réalisant une série record de 40 matches sans défaite. En 1981, après une saison aux Fort Lauderdale Strikers dans le championnat nord-américain de la NASL, il revint au Chili et signa à Colo-Colo, le club le plus populaire du pays. Cela lui permit d'être sélectionné pour la Coupe du monde 1982 en Espagne, qu'il disputa en tant que capitaine. Il prit finalement sa retraite sportive le 1er janvier 1983.

FONTAINE Just

Si la Coupe du monde 1958 célébra l'émergence d'une formidable *Seleção* brésilienne et le premier couronnement du jeune Roi Pelé, elle permit aussi à un joueur français d'entrer dans l'histoire : Just Fontaine est toujours, aujourd'hui, le recordman des buts inscrits en un seul tournoi mondial, avec 13 réalisations.

Fontaine est né le 18 août 1933 à Marrakech, qui était alors une possession française. Après avoir étudié au prestigieux lycée Lyautey de Casablanca, c'est à l'Union sportive marocaine de Casablanca qu'il effectua ses débuts professionnels de 1950 à 1953. Il fut champion du Maroc et champion d'Afrique du Nord en 1952 avec cette équipe. Il fut ensuite recruté par l'OGC Nice où il inscrivit 44 buts en trois saisons, remportant la Coupe de France en 1954 et le titre de champion de France en 1956, avant de rejoindre le Stade de Reims où il était censé compenser le départ de Raymond Kopa pour le Real Madrid. Il fit mieux : 121 buts en six saisons. Une performance d'autant plus remarquable que, durant l'une d'elle, il passa plus de temps à l'infirmerie que sur le terrain afin de soigner une grave blessure à la jambe. Il ajouta à son palmarès une finale de Coupe d'Europe des Clubs champions en 1959, une Coupe de France en 1958 et trois titres de champion de France : 1958, 1960 et 1962.

Au total, Just Fontaine inscrivit 165 buts en 200 matchs de première division, soit une moyenne de 0,825 but par match.

Sous le maillot bleu, ses statistiques furent encore plus éloquentes. Dès sa première apparition, le 17 décembre 1953 contre le Luxembourg (8-0), il signa un triplé. Jusqu'en 1960, sa moyenne renseigna 1,43 but par match (30 buts en 21 sélections), avec en point d'orgue l'épopée de la Coupe du monde 1958 où il termina meilleur buteur. 13 buts en six matches donc, répartis comme suit : un triplé dès l'entrée en lice contre le Paraguay (7-3) ; un doublé lors du deuxième match contre la Yougoslavie (2-3) ; un nouveau but lors du troisième match contre l'Écosse (2-1) ; un doublé lors du quart de finale contre l'Irlande du Nord (4-0) ; un but supplémentaire lors de la défaite en demi-finale contre le Brésil (2-5) ; et enfin un quadruplé lors du match pour la troisième place contre la RFA (6-3). Il permit à la France de décrocher la médaille de bronze, qui demeura le meilleur résultat des Bleus jusqu'à la conquête de la médaille d'or 40 ans plus tard, lors de la Coupe du monde 1998 organisée dans l'Hexagone.

Le comble, c'est qu'au début du tournoi en Suède, il n'était pas considéré comme le titulaire du poste de centre-avant. Il ne dut sa place qu'à la blessure de René Bliard.

Fontaine dut mettre fin prématurément à sa carrière de joueur suite à une blessure récurrente (double fracture de la jambe survenue le 20 mars 1960 avec le Stade de Reims contre Sochaux). Il joua son dernier match en juillet 1962, puis sortit major de la promotion des entraîneurs la même année. Cela lui valut de prendre les rênes de l'équipe de France en 1967, mais il ne rencontra pas le même succès que lorsqu'il était joueur. Il fut rapidement licencié après deux défaites en matches amicaux. C'est pourtant lui qui fit monter le Paris Saint-Germain en première division en 1974. Il entraîna le PSG durant quatre années, puis le Toulouse FC durant la saison 1978-79 et enfin l'équipe nationale du Maroc qui termina 3e de la Coupe d'Afrique des Nations 1980 au Nigeria.

Sa reconversion est réussie. Il possède des magasins de sport et, en parallèle, il est également devenu l'un des pronostiqueurs vedettes de l'hebdomadaire de paris sportifs Lotofoot Magazine.

Il est aussi depuis longtemps un hôte assidu de Sainte-Maxime, dans le Var, où il possède un mas qu'il a appelé « Mas suédois », en référence à son record établi en 1958 en Suède. Trois ballons en céramique y sont posés sur les piliers de l'entrée.

Il fut fait officier de la Légion d'honneur le 14 juillet 2013.

FOSBURY Dick

Dick Fosbury est considéré comme l'un des acteurs qui ont eu la plus grande influence sur toute l'histoire de l'athlétisme.

Voilà le jugement prononcé partout dans le monde, aujourd'hui encore, par les spécialistes les plus éminents du premier des sports olympiques.

Car il est bien exact que Richard (Dick) Fosbury a révolutionné le milieu athlétique, plus que pour toute autre discipline (même la perche avec l'évolution des matériaux), avec sa façon rock and roll de franchir la barre du saut en hauteur.

Né à Portland (Oregon) le 6 mars 1947, Fosbury s'est essayé au « ciseau » dès l'âge de 10 ans. Il est vite passé au « rouleau ventral » pour lequel optaient les champions de l'époque. Il mesure 1m93 à 16 ans, ne trouve pas sa place au basket et plafonne à 1m80 en saut en hauteur. Il tente alors l'aventure en se retournant pour entamer le saut, balançant les épaules vers l'arrière et il remarque que son bassin l'emmène plus haut que le « ventral » traditionnel. Dick passe facilement 2 m « sur le dos » ! Dick ne lâchera plus jamais ce système.

1963 : première compétition officielle où il se produit de la sorte. Les juges sont ébahis et hésitent à valider ses sauts. Ils consultent le règlement et doivent admettre que c'est légal, car l'élan se fait sur un seul pied, ce qui est obligatoire. 1965 : premier titre américain chez les juniors. 1967 : champion universitaire des États-Unis avec un bond de 2m10 et 2m13 en salle en janvier, à quelques mois des Jeux de Mexico...

Avec un saut impressionnant à 2m21, Fosbury obtient sa sélection pour les Jeux olympiques de 1968. Les « trials » US ont eu lieu à Lake Tahoe, dans la montagne californienne, en altitude déjà pour mieux préparer celle de Mexico (2340 m). Là-bas, Dick n'est pas le favori de l'épreuve, car son compatriote Carruthers et le Soviétique Gavrilov avancent le meilleur palmarès. Mais Dick étale tout son talent et sa maîtrise de la technique particulière en faisant jeu égal avec eux tout au long du concours. Carruthers rate les 2m24 et Fosbury passe, au troisième essai. Il est champion olympique. Dans le stade Aztèque, 80 000 personnes ont vibré et hurlé des « olé » à chacun des essais du jeune étudiant américain. Car sa méthode est presque inconnue au bataillon. Ici, c'est un stade comble et des millions de téléspectateurs par le monde qui vont la découvrir et s'enthousiasmer pour ces attaques de dos, si inattendues face à l'obstacle. Un spectacle hors du commun qui va bouleverser la planète athlétisme et susciter, on s'en doute, des vocations partout. Les entraîneurs des sauteurs en hauteur s'arracheront quelques cheveux, pour répondre aux nouveaux souhaits de leurs protégés.

Fosbury a eu peur, cependant. Les officiels présents aux Jeux ont eux aussi hésité à valider ses sauts. Eux aussi ont tenu conciliabule et relu leur règlement. Pas de doute, cette fois encore : c'est bien valable.

Les femmes seront les premières à imiter Fosbury et à récolter, d'emblée, des succès internationaux. On doit aussi à la vérité de souligner que c'est un autre étudiant, Bruce Quande, du Montana, qui avait effectué les premiers sauts dos à la barre, en 1966, mais pas en meeting officiel. Et Dick Fosbury n'en savait rien à l'époque.

Incroyable, mais vrai : Fosbury avait été appelé aussi en 1968 pour combattre au Vietnam, mais il avait été réformé pour raison médicale !

Dick Fosbury ne s'est pas lancé ensuite dans une carrière de sauteur pro. Il n'aimait pas les festivités, la publicité, les plateaux télé. Il échoue aux sélections américaines pour les Jeux de '72 à Munich et se consacre corps et âme à ses études et obtient son diplôme d'ingénieur des ponts et chaussées. Il fonde une petite société avec un ami et ils seront bien vite 21 à y travailler. Il reste cependant impliqué dans le sport et organise régulièrement des sessions pour sauteurs dans le Maine et en Idaho, où il habite avec sa femme et son fils Erich. Des scientifiques ont dit de son « Fosbury flop » : le saut de Fosbury remet en cause la loi sur l'inertie de Newton. Brr…

Le recordman du monde actuel de la hauteur, le Cubain Sottomayor, a battu à 9 reprises ce record mondial, actuellement à 2m45. Chaque fois en « Fosbury flop »…

FOSSETT Steve

Le 3 septembre 2007, la nouvelle fit le tour de la planète, le milliardaire américain Steve Fossett, aux commandes d'un avion monomoteur, avait disparu au cours d'un simple vol de reconnaissance. Cela s'était probablement passé au-dessus du désert du Nevada[1].

Steve Fossett s'est avéré avoir été un véritable phénomène, qui n'a sans doute pas d'équivalent. C'était à la fois un homme d'affaires, un aventurier, un marin, un aviateur, un nageur, un pilote automobile, un alpiniste, un athlète et on en passe.

Né le 22 avril 1944, à Jackson, dans le Tennessee, il commença sa carrière professionnelle dans l'informatique, après avoir été diplômé de l'Université de Stanford. Voulant très vite gagner beaucoup d'argent, il s'orienta vers la bourse, après avoir créé sa propre société et fit donc fortune dans la finance. À 40 ans, il était devenu milliardaire et c'est à ce moment qu'il décida d'orienter sa vie différemment. Dorénavant, il allait consacrer l'essentiel de celle-ci au sport, à l'aventure, à organiser des expéditions et à battre des records, se contentant de contrôler ses intérêts financiers. Ce qu'il fit avec énormément de volonté,

1. Sa disparition a donné lieu à une polémique car les preuves formelles de sa disparition ne furent découvertes qu'un an plus tard. D'abord, certains documents, dont sa licence de pilote, furent découverts par des randonneurs, le 29 septembre 2008, près de Mammoth Lakes, une région très isolée de l'est de la Californie. Un mois plus tard, le 2 octobre, l'épave de son avion, ou ce qu'il en restait, fut découverte par la police du comté qui confirma la mort du pilote. Avant ces preuves, la compagnie d'assurances Lloyds déclarait que Steve Fossett avait certainement organisé sa disparition afin de permettre à son épouse et sa famille de percevoir son assurance-vie, qui s'élevait à plusieurs millions de dollars, car aucun plan de vol n'avait été déposé et la balise de détresse n'avait pas été déclenchée. De nombreuses autres hypothèses furent d'ailleurs émises par de nombreux tabloïds en quête de sensations.
Néanmoins, le 15 février 2008, soit cinq mois après sa disparition, à la demande de son épouse, un juge de Chicago déclara Fossett légalement mort.

d'ingéniosité et de succès. Énumérer ses 115 records et ses exploits serait trop fastidieux mais en énumérer quelques-uns des plus significatifs est impératif si l'on veut vraiment se rendre compte de la ténacité et de l'obstination de cet homme de défi, venu tard à la compétition et qui a voulu se doter, dès ce moment, de capacités physiques et mentales hors normes.

Voici, plus ou moins dans l'ordre chronologique, quelques-unes de ses performances :

– Jeune, il gravit le Mont-Blanc, le Cervin et l'Eiger ;

– Ensuite, il s'attaque aux « Seven summits », les sept sommets des sept continents : l'Elbrouz, le Kilimandjaro, l'Aconcagua, le mont McKinley, le mont Vinson, le Puncak Jaya et l'Everest, le seul dont il ne parviendra pas à atteindre le sommet, malgré deux tentatives et ce, à cause de mauvaises conditions météorologiques ;

- Marathon de Boston;
- Traversée de la Manche, en 22 heures;
- Participation à l'Iditarod, en Alaska, la plus difficile de toutes les compétitions de chien de traîneaux, par des températures de – 50 degrés et d'une distance de 2 000 kilomètres, le tout en une quinzaine de jours;
- La Route du Rhum, en voilier;
- Traversée du Pacifique, en solitaire, en montgolfière;
- Triathlon d'Hawaii (L'Ironman);
- Deux participations aux 24 heures du Mans et un Paris-Dakar;
- Traversée-record de l'Atlantique à la voile (en 4 jours);

- Tour du monde en montgolfière, en solitaire et sans escale, en 14 jours;
- Tour du monde à la voile, en équipe et sans escale, en 58 jours, 9 heures et 32 minutes (le record d'Olivier de Kersauson est battu de près d'une semaine);
- Premier tour du monde en avion, en solitaire et sans escale, en 67 heures et 2 minutes;
- Record du monde de longueur de vol après avoir parcouru 42 450 kilomètres, sans escale;
- Record du monde d'altitude en planeur (à 15 447 mètres). C'est le premier vol stratosphérique de l'histoire en planeur.

FRANKLIN Missy

La nageuse américaine Melissa « Missy » Franklin est née le 10 mai 1995, à Pasadena, en Californie. Mais elle a grandi à Aurora, dans le Colorado, où elle a vécu une dizaine d'années, avant de retourner (en 2013) vivre en Californie[1].

Aujourd'hui, celle que son père a surnommé « Missy the missile », depuis sa participation, en 2008, à l'âge de 13 ans, aux trials des Jeux de Pékin, est entrée dans le cercle très fermé des « superstars ». Celui réservé aux exploits exceptionnels. Et celui réalisé par Melissa Franklin est tout simplement d'avoir fait une razzia aux championnats du monde de Barcelone (2013), en remportant six médailles d'or. Un exploit rarissime. Son palmarès, à 18 ans à peine, est on ne peut plus impressionnant : 4 médailles d'or, aux Jeux olympiques, et 9 médailles d'or dans le cadre des championnats du monde. Seuls Mark Spitz, Michael Phelps et Kristin Otto ont réussi à remporter six médailles d'or en une seule compétition.

Cette « Success story » a commencé dès l'âge de 7 ans, au club des Colorado Stars, et avec un entraîneur, Todd Schmitz, à peine âgé d'une trentaine d'années, avec qui elle a travaillé à ce jour. La Fédération américaine de natation a bien essayé d'influencer les parents de Melissa pour les convaincre de confier la formation de leur fille à un entraîneur plus expérimenté mais pour sa famille, qui la suit de près, il n'y avait aucune raison de changer d'entraîneur puisqu'il n'y avait aucun problème ! Beaucoup de champions, à l'instar de Mark Spitz ou de Michael Phelps, ont travaillé depuis leur plus jeune âge avec le même entraîneur.

1. La ville d'Aurora a été victime d'un véritable carnage, dans la nuit du 19 au 20 juillet 2012, lorsqu'un certain James Eagan Holmes, tua douze personnes et en blessa 59 autres, lors de la présentation d'un nouveau film dans une salle de cinéma. Cela perturba beaucoup Melissa Franklin.

Cela peut s'avérer un gros avantage si l'association marche bien dès le début[1]. (2)

Mais Mélissa Franklin bénéficie surtout d'un autre atout, considérable pour son âge, son physique. Comme Michael Phelps. Des pieds démesurés (pointure 46), ce qui fait dire par son père qu'elle est née avec « les palmes incorporées », une taille (1,87m) inhabituelle et des mains si grandes (22,5cm) qu'elle peut tenir un ballon de basket avec ses cinq doigts.

En définitive, elle dépasse d'une tête la plupart des garçons de son âge. Cet avantage est considérable et la nageuse, très humble et modeste, le reconnaît.

Il est toutefois intéressant de constater que Missy Franklin est aussi une jeune fille admirable dans son comportement, hors des piscines et dans un milieu où les stars – du moins tant qu'elles le restent – font l'objet de toutes les attentions. Sa joie de vivre et ses idéaux sont exemplaires. Ainsi, depuis les Mondiaux de Shanghai, en 2011, où elle fut brillante, elle n'a cessé de recevoir des propositions pour des contrats très juteux. Elle n'y a cependant donné aucune suite pour conserver un vrai statut d'amateur et, surtout, pour pouvoir poursuivre ses études à l'université.

1. Melissa Franklin a néanmoins changé d'entraîneur en 2013 pour la simple raison qu'elle a déménagé en Californie où elle a intégré l'Université de Berkeley pour poursuivre ses études. Son entraîneur actuel est l'Américain Teri McKeever, des Golden Bears.

Coca-Cola
EASTON
AIR
99

GRETZKY Wayne

Il ne fait aucun doute, dans le milieu du hockey sur glace, que le Canadien Wayne Gretzky, surnommé « le merveilleux » ou « the great one », peut être considéré comme le meilleur joueur de l'histoire de ce sport. Un joueur hyper talentueux qui imposa son intelligence du jeu et son sens de l'anticipation à la vitesse, la force et la puissance de ses adversaires. Ses records officiels, et donc reconnus par la LNH ou NHL (la ligue nationale de hockey), au total de 61, peuvent en attester[1]. D'ores et déjà, on peut dire que certains d'entre eux ne seront jamais battus. Comme les 525 courses sur route remportées par Eddy Merckx, le phénomène cycliste belge. Le parcours de Gretzky, descendant d'immigrants d'Europe de l'Est, n'est évidemment pas étranger à ses résultats exceptionnels. Voici les grandes lignes de son apprentissage :

– À 3 ans, il commença à patiner.

– À l'âge de 6 ans, il effectua ses débuts en compétition au sein d'une équipe de novices, au club de Brantford (Ontario), où il affronta des joueurs de 10 ans. À 11 ans, pour sa dernière année passée dans ce club, il inscrivit 378 buts et délivra 120 passes décisives en 85 rencontres. Des centaines de spectateurs se déplaçaient déjà pour le voir jouer.

– À 14 ans, il partit jouer à Toronto, chez les « Nationals » où il fut hébergé par une famille d'accueil.

– À 16 ans, en 1978, il changea de famille d'accueil et alla jouer à Sault-Saint-Marie (toujours dans l'Ontario), en juniors.

1. La NHL (LNH) ou la National Hockey Ligue est l'association sportive professionnelle nord-américaine regroupant les meilleures équipes du Canada et des États-Unis. Le jeu du hockey sur glace est le plus rapide des sports collectifs. La NHL peut avoir des assistances de 30 000 spectateurs par rencontre. L'équipe européenne qui a la meilleure moyenne est le CP Berne, en Suisse, avec 16 330 spectateurs.

Comme le numéro de son maillot – le 9 – était déjà pris par un autre joueur, son entraîneur lui recommanda de porter le 99, qui le rendit célèbre par la suite. Lors du championnat du monde junior, qui se déroula la même année, le Canada termina troisième et Gretzky fut élu meilleur attaquant.

– À 17 ans à peine, il passa professionnel et signa pour les « Edmonton Oilers, l'équipe la plus attractive de l'histoire de la NHL.

– À 19 ans, il fut élu meilleur joueur de la NHL.

– À 20 ans, en 1981, il inscrivit 50 buts en 39 matchs, battant le record du célèbre Maurice Richard qui avait marqué 50 buts en 50 matchs. Durant cette même saison, il marqua 92 buts et délivra 212 passes décisives, des chiffres ahurissants.

La carrière professionnelle de Gretzky se poursuivit alors durant 21 ans, de 1978 à 1999, jouant successivement après les « Oilers », pour les « Kings » de Los Angeles, les « Blues » de Saint-Louis et, enfin, les « Rangers » de New York, établissant une kyrielle de records dont les plus retentissants sont :

– le plus grand nombre de buts : 894

– le plus grand nombre de passes décisives : 1963

– le plus grand nombre de hat-tricks en saison régulière : 50, dont 9 quadruplés et 4 quintuplés

Il fut également élu meilleur joueur de la NHL, de 1980 à 1987, ainsi qu'en 1989, et élu meilleur marqueur du championnat du monde en 1982.

À la fin de sa carrière, il passa entraîneur et remporta, avec le Canada, les Jeux olympiques de Salt Lake City, en 2002.

HILLARY Edmund

Si l'Italien Reinhold Messner a été, en 1978, le premier alpiniste à gravir le sommet de l'Everest, en solitaire et sans apport d'oxygène, c'est cependant le Néo-Zélandais Edmund Hillary, accompagné du sherpa Norgay Tensing, qui a été le premier humain à avoir réussi l'ascension du « toit du monde »[1]. C'était le 29 mai 1953[2].

Ces deux exploits ne sont toutefois pas comparables. Car c'était pour Hillary l'époque des grandes expéditions longues et coûteuses aux moyens colossaux. Ainsi lui et Tensing bénéficièrent d'une logistique énorme : 360 porteurs, 20 guides sherpas, 10 tonnes d'équipements et de nourriture et, surtout, de nombreuses bonbonnes d'oxygène. Le tout acheminé au camp de base et, ensuite, vers les neuf camps installés tout au long de la voie pour atteindre le sommet. Il n'empêche que la performance des deux hommes relève d'un grand exploit car il aura quand même fallu une dizaine d'expéditions, étalées sur près de trente ans, pour réussir cette ultime tentative. Ce qui est à remarquer également c'est que si l'expédition était entièrement

1. Les Sherpas constituent un groupe ethnique qui est établi dans les hautes vallées en altitude (entre 2 500 et 4 500 mètres) de l'Himalaya, au Népal. Ils seraient près de 170 000 aujourd'hui et leurs conditions de vie – surtout à cause des conditions climatiques et du froid intense – figurent parmi les plus rudes au monde. Si la majorité d'entre eux vit de la culture et de l'élevage, les autres se sont orientés vers les métiers de porteur ou de guides, bien mieux rémunérés, mettant leurs qualités de grimpeurs infatigables, leur résistance, leur endurance et leur caractère hospitalier au service des trekkeurs ou des alpinistes.
Le plus célèbre d'entre eux est incontestablement Norgay Tensing mais d'autres sherpas se sont également mis en valeur et ont battu des records assez incroyables. Comme Babu Shhiri, qui a établi, en 1999, le record de la plus longue période de temps passée au sommet de l'Everest, sans oxygène, en y restant 21 heures et 30 minutes. Ou comme Pemba Dorjie, qui en 2004, réussit l'escalade la plus rapide de l'histoire, en 8 heures et 10 minutes. Quant à Apa Sherpa, il détient, avec 21 tentatives réussies, le record du plus grand nombre d'ascensions réalisées sur l'Everest.

2. L'ascension proprement dite a débuté le 10 avril 1953 pour se terminer le 29 mai. Soit près de sept semaines plus tard.

anglaise – dirigée par le colonel John Hunt – ce sont les deux non-britanniques de celle-ci qui ont réussi à gravir le sommet. Ce n'est qu'en 1975 que l'Everest fut vaincu pour la première fois par deux citoyens anglais, Doug Scott et Dougal Haston.

Quant à Hillary, après son succès hyper médiatisé à travers le monde, il aurait pu vivre aisément des retombées de celui-ci (publications diverses, conférences, publicité…) mais il préféra utiliser son aura, son énergie et son sens profond de l'humanisme pour améliorer le sort des sherpas du Népal. C'est ainsi qu'il fonda « L'Himalayan trust », une association qui, au fil des années, permit de construire des écoles, des pistes d'atterrissages, des hôpitaux, des routes, des ponts, la reconstruction de temples et toute une série d'autres infrastructures nécessaires au développement de la région. Cela n'empêcha pas Hillary de gravir d'autres sommets himalayens ou de participer à des expéditions scientifiques, comme en 1961, lorsqu'il dirigea une équipe chargée d'étudier les effets d'un séjour prolongé en altitude.

En 1967, il gravit le mont Herschel (3 350 mètres et une première), en Antarctique, et, en 1971, il effectua sa dernière ascension majeure, celle du mont Cook (3 754 mètres), en Nouvelle-Zélande. Il atteignit également les deux pôles, lors d'autres expéditions.

HINAULT Bernard

« Le sport cycliste a toujours suivi un destin... cyclique. », écrivait Jacques Goddet dans un remarquable ouvrage, L'Équipée belle (1991, Robert Laffont-Stock). « Le règne d'un super s'étend, en moyenne, sur une durée de huit à dix années. L'ère merckxienne totalement achevée, s'ouvrit aussitôt, en 1978, le chapitre Bernard Hinault (...) Un Celte authentique, ayant le goût des armes, étant en sorte, successeur national de Poulidor, sa parfaite antithèse. Il ne pédalait que pour gagner. » Le Breton hérita vite d'un sobriquet qui lui allait comme un gant : le Blaireau. Selon tous les dictionnaires, ce mammifère carnivore, bas sur pattes, plantigrade, de pelage clair sur le dos, foncé sous le centre, creuse un terrier. Les amoureux de la nature ajouteront tout de suite que cet animal se distingue surtout par son courage et sa ténacité.

Né le 14 novembre 1954, à Yffiniac, en Bretagne, Bernard Hinault savait montrer les dents dans l'adversité. De 1975 à 1986, ce grand champion collectionna les succès, autant de bouquets qui orneront progressivement un des plus beaux palmarès de l'histoire du cyclisme professionnel. On retiendra bien sûr cinq Tours de France (1978, 1979, 1981, 1982, 1985), trois Tours d'Italie (1980, 1982, 1985), deux Tours d'Espagne (1978, 1983), un titre de champion de France sur route (1978), un maillot de champion du monde (1980), neuf classiques (Gand-Wevelgem 1977, Paris-Roubaix 1981, Amstel Gold Race 1981, Flèche Wallonne (1979, 1983), Liège-Bastogne-Liège (1979, 1983), Tour de Lombardie (1979, 1984), etc.

En 1975, à Châteaulin, le jeune Hinault bombarda ses adversaires lors d'un critérium, emballa tellement la course qu'Eddy Merckx en personne se porta à sa hauteur pour lui demander de se calmer. Hinault ne fréquentait le peloton professionnel que depuis quelques mois mais tout le monde savait déjà de quel bois cet homme se chauffait. Sans le mesurer, Merckx venait de rencontrer son successeur. Deux ans plus tard, en 1977, il remportait Gand-Wevelgem, une course destinée aux sprinters et aux habitués des plaines flamandes balayées par le vent, avant de dicter sa loi au terme de Liège-Bastogne-Liège, la classique des baroudeurs. Le Blaireau disposait des plus beaux atouts pour s'imposer sur tous les parcours. Et, aussi puissant que têtu et ambitieux, il utilisa généreusement les grands braquets, au point parfois de fragiliser une musculature soumise à un tel désir de gagner, de se dépasser. De l'aube au crépuscule de sa carrière, le Blaireau multiplia les coups d'éclat qui, finalement, scellèrent son nom en lettres de feu dans la grande histoire du sport.

En 1980, il remporta un Liège-Bastogne-Liège de légende. Ce 20 avril-là restera à jamais gravé dans sa chair. « C'est ma plus belle victoire dans une classique. », lança-t-il en franchissant la ligne d'arrivée. Et il ne changea jamais d'avis. Les Ardennes furent le théâtre d'une bataille dantesque blanchie par la neige. Après deux heures de course seulement, 110 des 174 coureurs renoncèrent déjà à leurs ambitions. Il gèlera à pierre fendre durant toute la journée. Rudy Pevenage prit la clef des champs à Vielsalm au 145e kilomètre. Tout se joua plus tard dans l'ascension de la Haute Levée. Un bonhomme de neige, les mains soudées par le froid sur le guidon, se détacha à 80km de l'arrivée à Liège. Spectacle inouï dicté par un champion au sommet de son art. Rien n'aura raison de la bravoure du Blaireau. Au cœur de la Cité ardente, son avance sur son premier dauphin, Hennie Kuiper, frisera les dix minutes, 9'34" exactement. On ne compta que 21 coureurs à l'arrivée. « J'en ai gardé des séquelles », déclarera-t-il plus tard. « Depuis cette deuxième victoire dans la Doyenne, j'ai des problèmes aux mains. Mes doigts ont perdu une partie de leur sensibilité. Quand il gèle, je ne peux pas sortir sans gants. »

Avant ces événements ardennais, en 1978, le monde assista au triomphe d'un Hinault phénoménalement puissant sur les routes du Tour de France, de son premier Tour de France. En 1986, tout changea du tout au tout. Vainqueur de l'édition précédente, grâce entre autres, à l'apport important de son équipier Greg LeMond, Hinault donna sa parole à l'Américain : « L'année prochaine, je t'aiderai à gagner. » Le Blaireau bluffait-il en comprenant que l'Américain serait le seul coureur susceptible de le priver d'un sixième succès à Paris ? Peut-être, mais pas certain. Toujours est-il qu'Hinault passa à l'attaque dans les Pyrénées. LeMond sera surpris par cette action du Breton qui précisa : « Je voulais éprouver les adversaires de Greg. »

Observateur attentif, Jacques Goddet s'intéressa de près à ce qui se tramait du côté de la Vie Claire, l'équipe de LeMond et d'Hinault. Le patron, Bernard Tapie, s'intéressait au marché américain et un premier succès US à Paris pouvait lui être utile. Hinault mesurait parfaitement toutes ces données. Le poids du temps qui passe joua petit à petit en faveur du plus jeune, LeMond. Le choc du passé et du futur éberlua le monde entier, emballé par le spectacle inédit de l'escalade de l'Alpe d'Huez. Hinault et LeMond s'étaient détachés : pour quel verdict ?

Le Blaireau s'installa en tête pour fendre la foule. Spectacle unique. LeMond craignait-il la colère des spectateurs en cas d'attaque de sa part ? Hinault s'attribuait-il le beau rôle en protégeant LeMond, comme promis, après avoir rêvé d'une « première, » un sixième bouquet à Paris ? Greg et Bernard franchirent la ligne d'arrivée de concert. Le maillot jaune, LeMond, laissa l'étape à Hinault mais remporta sa première Grande Boucle ce 21 juillet 1986. Dans ses mémoires, Hinault précisa : « J'aurais pu avoir sa peau dans la montée de l'Alpe d'Huez. Mais une promesse est une promesse. On ne revient pas sur sa parole en route. »

PETZL

HORN Mike

«J'ai failli mourir dans l'eau glacée, j'ai senti les crocs des ours polaires contre mon visage, j'ai survécu à des températures de moins de 60 degrés,...j'ai eu les doigts, la figure et même les poumons gelés,...j'ai perdu tout mon équipement et j'ai commencé à brûler vif,...»

(extrait de «Conquérant de l'impossible», XO Editions, 2005)

Ce Sud-Africain, âgé aujourd'hui de 49 ans, est probablement l'explorateur-aventurier qui a réussi, en solitaire, les exploits physiques et psychologiques les plus extraordinaires et intenses de ces deux dernières décennies ; voire de l'histoire de ce milieu de l'extrême.

Le titre de son ouvrage, cité ci-avant, n'est pas usurpé et illustre à merveille son sens du courage, de la détermination et de l'abnégation. Sans oublier son professionnalisme exemplaire qui lui a permis de planifier et d'organiser avec succès toutes ces expéditions périlleuses ou la survie faisait souvent partie du quotidien.

Mike Horn n'est évidemment pas n'importe qui, sans quoi il n'aurait jamais pu atteindre les objectifs surhumains qu'il s'était fixés. Déjà durant son enfance il pratiqua divers sports avant d'effectuer son service militaire dans les forces spéciales sud-africaines. Il obtint ensuite un diplôme en science du mouvement humain.

En 1990, il quitta l'Afrique du Sud – sous embargo, à l'époque – pour la Suisse, à Zurich, où il vécut en effectuant des petits boulots. Ensuite, il mit le cap sur Château– d'Œx, ou il devint guide spécialisé dans les sports d'eau vive dont le rafting, le canyoning et l'hydrospeed.

En 1995, son véritable engouement pour l'aventure se déclara et il battit le record du monde de descente de la plus haute chute d'eau, en hydrospeed, sur la rivière Pacuare, au Costa Rica.

En 1997, Mike Horn réalisa son premier grand exploit : la descente de l'Amazone (6700 kilomètres) à la nage, aidé par un hydrospeed. Cela lui prit plus de 6 mois.

De juin 1999 à octobre 2000, il entreprit le tour du monde par la ligne de l'équateur (40 000 kilomètres), à pied, en pirogue, à vélo et en voilier (un catamaran de 8 mètres). Pour cela, il dut d'abord traverser la jungle amazonienne, à la machette, sur une distance de 3 630 mètres avant de se lancer ensuite à l'assaut de trois océans, l'Atlantique, le Pacifique et l'Indien, avant de terminer par la traversée du continent africain.

À l'issue de 18 mois d'effort, il revint à son point de départ, Libreville, au Gabon.

Lors de ces deux expéditions, l'aventurier s'alimenta uniquement en chassant et en pêchant.

En 2002, il entreprit avec succès sa principale expédition, probablement la plus dure : le tour du monde en suivant la ligne du cercle polaire arctique (20 000 kilomètres), à pied, en tirant un traîneau de 200 kilos, à ski, en kayak et en voilier. Ce périple qui prendra 808 jours, soit 2 ans et 3 mois, le vit traverser successivement, l'Europe du Nord, le Groenland, le Canada, l'Alaska et la Sibérie, avant de rejoindre son point de départ, le cap Nord, en Norvège.

De 2008 à 2012, Mike Horn a entrepris sa dernière expédition. Avec un voilier de 35 mètres, en aluminium et construit dans une favela de São Paulo, il a effectué le tour du monde par les cinq continents en invitant des groupes de jeunes au cours des diverses étapes avec comme message la protection de l'environnement.

IBRAHIMOVIC Zlatan

« Moi, Zlatan » : le récit de la vie d'Ibrahimović a rencontré un succès gigantesque en librairie. Plus de 700 000 exemplaires ont été vendus dans le monde entier. Son existence, il est vrai, vaut les plus beaux romans. Certaines pages ne peuvent être vécues que par des personnages mystérieux, soupe au lait, charismatiques, solides comme des chênes, fiers, hauts en couleur, à la fois mélancoliques et sûrs d'eux, comme on n'en déniche que dans les Balkans. À y regarder de plus près, le destin de Zlatan, un des meilleurs footballeurs de tous les temps, aurait inspiré un des merveilleux chantres de la Bosnie natale de son père. Prix Nobel de littérature en 1961, Ivo Andrić aurait certainement casé Zlatan dans plusieurs chapitres de son chef-d'œuvre, Le Pont sur la Drina. Andrić a décrit les siècles de vie qui s'écoulèrent à Visegrad, à la frontière, alors trait d'union entre la Bosnie et la Serbie. Là, entre malheurs et joies de la vie, les habitants de Visegrad se rencontraient, fumaient et buvaient tranquillement du café. L'entrée des troupes austro-hongroises bouleversa la vie autour du pont où rien ne fut plus jamais comme avant.

Ibra est né à Malmö le 3 octobre 1981 mais sa jeunesse fut marquée par l'histoire ancienne et plus actuelle de ses parents qui ont fui la Bosnie et la folie des hommes, le regard aussi hébété que les personnages d'Andrić. Son père, musulman bosnien et sa mère, catholique croate, arrêtèrent leur folle évasion en Suède alors que la Bosnie se noyait dans son sang. L'ambiance ne devait pas être souvent à la joie chez eux avec un papa qui sombra petit à petit dans l'alcoolisme en suivant jour et nuit la descente aux enfers de la Bosnie. Un divorce brisa la famille. Comment en sortir dans ces conditions-là ? Peu assidu à l'école, le petit Zlatan ne semblait pas destiné au succès. La volonté se portera à son secours. Sans le sport, il l'a souvent reconnu, son univers se serait résumé à celui des prisons et maisons de correction.

Zlatan flirta avec le chaos avant d'éclairer son avenir avec son don pour la pratique du football, son passeport pour la gloire et l'intégration en Scandinavie. Ibra deviendra le plus grand et le plus célèbre des footballeurs suédois. Mais il y parviendra comme il le veut, pas à la façon dont d'autres l'entendent pour lui. « Mon quartier était peuplé de Turcs, de Yougoslaves, de Palestiniens, de Polonais. », confia-t-il à Maik Grossekaltöfer et Juan Moreno dans un long entretien paru notamment dans Sport Foot Magazine en Belgique.

« J'ai découvert les autres quartiers de Malmö à seize ans seulement. Je ne regardais jamais la télévision suédoise. Au Malmö FF, mes camarades s'appelaient Mattison, Persson, Ohlsson. J'étais à part. Mon entraîneur voulait que je joue au service de l'équipe, que je délivre des passes simples et directes, que je coure davantage. Moi je pensais : - Va te faire foutre, si je peux dribbler trois hommes, je le ferai. Je ne serai jamais un vrai Suédois alors pourquoi jouer comme si je l'étais ? L'entraîneur m'a souvent remplacé. C'était plus facile pour mes coéquipiers. Ils étaient blonds, ils jouaient pour l'équipe, ils couraient. Cela m'énervait mais cela m'a permis de devenir le footballeur que je suis. »

La suite passera par Malmö, l'Ajax d'Amsterdam, la Juventus de Turin, l'Inter de Milan, le FC Barcelone, l'AC Milan et Paris Saint-Germain. Sacré champion aux Pays-Bas, en Italie, en Espagne et en France, son palmarès individuel et collectif frôla vite les cieux. Il ne cessa jamais de faire la fortune des journalistes en leur offrant des déclarations fracassantes. Ibra est le Cassius Clay du football. La Suède a rendu hommage à son Zlatan en lui consacrant un timbre-poste. Et il pourrait faire son entrée dans le dictionnaire avec le verbe « zlataner » qui symboliserait entre autres ses buts incroyables, venus d'ailleurs, peut-être des pages denses et passionnantes du roman d'Andrić. Il y aura toujours un pont et un courant puissant, bleu émeraude comme celui de la Drina dans la vie de ce Viking aux racines bosniaques.

Shell
Shell
CHRONOGRAPH
HEUER
Firestone
4
Shell

ICKX Jacky

Voilà sans conteste le plus polyvalent des pilotes automobiles. Jacky Ickx a accompli une longue carrière, laquelle fut une réussite dans à peu près « tout ce qui roule ». Il a gagné des compétitions en F1, en courses de côtes, en rallye-raid, en endurance et même en trial motocycliste. Un touche-à-tout génial.

Il naît le jour de l'An 1945, à Ixelles, passe sa jeunesse à L'Ermite, lieu-dit de Braine-l'Alleud où il côtoie régulièrement la famille du champion de Belgique de trial Claude Vanstenaegen, qui lui donne le goût de la moto. Oh ! Bien avant cela, auprès de son père, le journaliste Jacques Ickx qui a remporté avec Johnny Claes la course Liège-Rome-Liège, on le voit sur une photo de 1954, tenant à 9 ans, ébloui, le bouquet de Fangio, vainqueur à Francorchamps...

Il est champion de Belgique de trial moto 50 cc, puis se tourne vers les quatre roues. Il se fait connaître grâce à la RTB (chaîne de télévision belge) qui le filmait dans une course de côtes en Ardenne, où sa BMW est tombée dans un petit ravin ! Sans mal, heureusement.

En 1968, après l'écolage traditionnel, il remporte sa première victoire en F1 à Rouen-les-Essarts, au volant que lui a déjà confié la grande marque Ferrari. Il enlèvera encore 7 autres Grands Prix, dont le 8e et dernier en Allemagne, en 1972. Deux titres de vice-champion du monde de F1, en 1969 et 1970 l'ont mené près du sommet, mais il bifurque vers d'autres spécialités. Pilote éclectique par excellence, il va se confectionner un palmarès somptueux, toutes disciplines confondues.

Au Mans, principalement, avec six victoires à la clé, qui en feront un véritable héros pour tous les amateurs de sport automobile. Avec un point culminant, en 1969, au terme d'une bagarre sensationnelle durant les trois dernières heures de course, contre la paire Larousse-Hermann. Fin tacticien, Jacky réussira à s'imposer. Dans une course où il avait pris un départ surprenant en marchant à son aise vers sa Ford GT 40, contrairement aux dizaines d'autres concurrents se ruant, eux, vers leur bolide. Une image qui fit le tour du monde.

Ickx court sur tous les modèles et dans toutes les catégories, trustant partout les victoires: Daytona, Watkins Glenn, Spa, le Nürburgring, multipliant les premières places dans des 1 000 kilomètres et des «6 heures» ou «24 heures», s'imposant au Paris-Dakar et triomphant en Can Am. En '82, on le retrouve en championnat «sport» sur Porsche: 4 victoires. En '83, 2 succès encore, 7 podiums sur 8 courses. Il y a vingt ans qu'il est en compétition!

Lorsqu'il décide de quitter la course, il laisse le souvenir d'un pilote exceptionnel, à l'aise sur tous les terrains, avec tous les prototypes imaginables, un battant, un as sous la pluie comme dans le sable, avec un sens inné de la tactique, celui qui accumule les records une nuit durant, comme il fit souvent au Mans. On se souvient aussi de Jacky l'équilibriste, traversant sur un câble tendu, avec un balancier, le stade de football de Rocourt, à la mi-temps d'un match de «vedettes»! Toujours le goût du perfectionnisme, de l'aventure, de l'exploit, du risque aussi.

On se réjouit de rencontrer Jacky Ickx, affable, intéressant dans ses analyses, toujours «très classe». Il n'a évidemment pas manqué d'offres pour se reclasser, après sa carrière. Il a exercé 36 occupations les plus diverses, mais on le retrouve désormais fort attaché à l'Afrique, qui a donné une nouvelle orientation à sa vie, dit-il, lors de ses Paris-Dakar. Il a épousé en troisièmes noces la chanteuse d'origine burundaise Khadja Nin et, avec elle, il vient en aide aux enfants peu gâtés : avec SOS Villages d'enfants (Belgique et étranger) et avec « Face for children in need ». Il est aussi l'ambassadeur du Groupe Volkswagen.

Jacky n'a pas oublié qu'il est aussi un rescapé de la course auto. En 1970, au G.P. de Jarama (Espagne), peu après le départ sa Ferrari est heurtée par la BRM d'Oliver et elle se transforme en boule de feu. On parvient à l'extraire, assez sérieusement brûlé, de son véhicule et il s'en tire finalement sans trop de mal. Il dira : « Je suis le survivant d'une époque où la mort nous guettait, nous les pilotes, au détour de chaque virage. S'en sortir n'était pas une question de talent. Mais de pure chance... »

Wizards
23

JORDAN Michael

A priori, il est malaisé de désigner le meilleur basketteur de tous les temps. Il est américain, ça c'est sûr, mais lequel mérite la palme, alors que se pressent au portillon des athlètes d'exception comme Bob Cousy, Earvin Magic Johnson, Bill Russel, Wilt Chamberlain, Kareem Abdul Jabar (avant sa conversion à l'Islam, Lew Alcindor), Kobe Bryant, Larry Bird? Le réservoir US est depuis toujours tellement bien fourni. La réponse vient des entraîneurs, des managers de clubs et surtout des joueurs eux-mêmes : aucune contestation, le meilleur s'appelle Michael Jordan !

Son palmarès en NBA (de 1984 à 2003) exigerait plusieurs pages de cet ouvrage, ce qui signifie qu'il a tout gagné, aux États-Unis comme à l'étranger.

Né en 1963 à New York, Jordan a été 5 fois meilleur joueur des États-Unis de la saison, 10 fois meilleur marqueur, 3 fois meilleur intercepteur et même une fois meilleur défenseur, ce qui en dit long sur sa classe et sa polyvalence. Pendant dix ans, il fait le beau temps aux Chicago Bulls. Il arrête le basket en 1994, car il est très marqué par l'assassinat de son père, son dieu, tué par deux jeunes garçons (condamnés à la prison à vie) qui ont voulu le dépouiller sur une aire de repos d'autoroute. Michael se tourne vers le base-ball, parce que son papa avait toujours rêvé de l'y voir jouer...

Mais après deux saisons et quelque 200 matches tout de même avec la batte, il revient chez les Bulls, qui l'accueillent bras ouverts bien sûr. Il fait mine une nouvelle fois de cesser le basket en 1999, se ravise après deux ans et rejoint alors les Washington Wizards. Il met définitivement fin à sa carrière en 2003 avec, répétons-le, une série impressionnante, inégalée, de records en tous genres sous les paniers. Et deux titres olympiques avec l'inoubliable Dream Team des Jeux de Barcelone et d'Atlanta.

Pourquoi Jordan fut-il le meilleur ? Il savait tout faire et il était nanti d'une force, d'une puissance et d'une agilité hors du commun. Il avait, en outre et par rapport à d'autres joueurs gâtés physiquement, une habilité rare à s'imposer dans une équipe, à en prendre le commandement en toutes circonstances. Sa capacité de saut à la ligne des lancers francs était exceptionnelle, au point de lui valoir deux surnoms encore aujourd'hui d'actualité chez son principal sponsor, Nike : « Air Jordan » et « His Airness ». Tout un symbole.

Ce colosse super-bondissant d'1m98 (il n'est donc pas un géant) qui a marqué 32 292 points au cours de sa carrière (3e score derrière Kareem et Malone) pouvait inscrire à chaque apparition 30, 40, 50 et même un jour 60 points par match. On imagine combien il fut sollicité. Les coaches adverses avaient inventé une tactique pour le contrer, appelée les « Jordan Rules ». Sans grand succès...

Durant sa carrière et tout autant à l'issue de celle-ci, Michael a été aussi le recordman des contrats plantureux, avec une série impressionnante de sponsors de tous ordres. C'est Jordan qui a véritablement catapulté Nike au firmament des marques de sport, par exemple, multipliant les profits de l'équipementier de l'Oregon. Mais Nike a aussi fait de Michael une superstar mondiale. Donnant-donnant, donc. Un journaliste américain disait : « Avec leurs pubs superbes d'inventivité, ils ont créé un être supérieur; il volait dans les airs... » Ouais, fort bavard aussi. Utilisé à gauche et à droite par ses bailleurs de fonds, Michael se lançait dans des déclarations tonitruantes. Il a dit aussi beaucoup de bêtises... Nul n'est parfait.

Aujourd'hui, Jordan exploite des restaurants, possède l'équipe de basket des Bobcats de Charlotte en Caroline du Nord, un team de superbike et perçoit des dividendes à n'en plus connaître sa fortune. Estimée par le magazine économique « Forbes » à 1,7 milliard de dollars, juste derrière Tiger Woods. Son divorce lui a coûté 126 millions d'euros. Une paille...

Il sait aussi donner aux autres, participant fréquemment à des actions charitables, organisant un grand tournoi de golf sur ses deniers et il s'occupe personnellement de la formation de jeunes basketteurs.

Laissons le dernier mot à son ancien adversaire, l'excellent Magic Johnson, vedette des Lakers de Los Angeles : « Dans le basket, il y a eu Michael Jordan et puis nous autres, tout le reste... »

Tout est dit.

JORNET Kilian

La course à pied n'est pas une sinécure lorsqu'il s'agit de gravir des côtes, des pentes, des dénivelées positives. Mais, dès lors que l'objectif est d'atteindre un sommet, et carrément un sommet d'une montagne, il faut quasi être un athlète hors norme. Et cette catégorie de super coureurs de fond, que ce soit dans le cadre d'un Ultra-Trail, de skyrunning ou de ski alpinisme, est réservée à une minorité[1]. Les autres : s'abstenir, car l'effort est trop dur et l'objectif inaccessible ! Et, dans ce monde à part, un nom surgit du lot. Il s'agit de l'Espagnol Kilian Jornet, surnommé dans le milieu, « L'extra-terrestre ». Un surnom qui est tout, sauf usurpé.

Ce phénomène, né à Sabadell, en Catalogne, le 27 octobre 1987, est littéralement né dans la montagne et ne vit que pour elle. Il est vrai qu'avec un père, guide de haute montagne et gardien de refuge, et une mère institutrice d'école mais, surtout, entraîneur au centre technique de ski de Catalogne, il a été à bonne école. D'autant plus que jusqu'à l'âge de 12 ans, il passa une grande partie de son temps dans le refuge de son père, à près de 2 000 mètres. C'est là qu'il découvrit les vraies valeurs de l'effort physique et mental. Pour en être convaincu, il suffit de suivre son parcours. À 3 ans, déjà, en compagnie de ses parents, le futur génie des cimes gravit son premier sommet, le Tuc de Mulleres ou de Molières, situé à 3 010 mètres. Il en va de sept heures de marche ! À 5 ans, il grimpa le pic d'Ane-

1. L'Ultra-Trail est une épreuve de course à pied qui se déroule dans la nature. Sa distance doit être supérieure à 80 kilomètres. Le skyrunning est également une épreuve de course à pied qui se déroule en montagne, à une altitude supérieure à 2 000 mètres et une pente supérieure à 30%. La difficulté d'escalade ne peut pas dépasser le 2e degré. Le ski alpinisme ou ski de montagne ou de randonnée est une pratique de ski qui consiste à évoluer librement sur des zones non aménagées et donc en dehors des pistes. Pas question donc de faire appel à des remontées mécaniques.

to (3 404 mètres), le point culminant des Pyrénées et, l'année suivante, il atteignit le sommet du Breithorn (4 164 mètres), en Suisse. C'est l'époque de son apprentissage qui lui permit d'acquérir de l'endurance et de la résistance mais aussi le sens de la souffrance, de la volonté et de l'abnégation. À 17 ans, il intégra la Faculté du STAPS, l'institut en sciences et techniques des activités physiques et sportives, à Font-Romeu, dans les Pyrénées-Orientales, en France. Dès lors, les performances allaient s'enchaîner. Déjà en juniors, il concourut avec des seniors dont certains sont d'authentiques champions. C'est à cette période que germa en lui un projet inimaginable, les « Summits of my life », « Les sommets de ma vie ». Autrement dit, toute une série de sommets à gravir, en courant et situés aux quatre coins du globe. Ainsi, après les montagnes déjà vaincues comme le Kilimandjaro (5 891 mètres, au pic Ahuru), en 2010, le Mont-Blanc (4 810 mètres) et le Cervin (4 478 mètres), en 2013, (chaque fois avec des records à la clef), figurent à son programme, l'Elbrouz (5 642 mètres), le plus haut sommet d'Europe, le mont McKinley (6 186 mètres), en Alaska, l'Aconcagua (6 959 mètres), en Argentine, avant de terminer la boucle avec l'Everest (8 848 mètres), le plus haut sommet du monde, en Asie. Mais escalader l'Everest en courant, et de surcroît sans oxygène, est-ce même pensable, à partir du moment où l'on sait que des dizaines d'alpinistes sont morts tout simplement en marchant ? Les performances de Jornet peuvent interpeller, mais ce dernier qui prétend travailler sans aucune assistance médicale a répondu au journaliste Olivier Dumons, travaillant pour le journal Le Monde : « Dans l'Ultra-Trail, il y a déjà eu des cas (de dopage), ils ont été sanctionnés, et c'est normal. Mais les gens qui ne sont pas à « l'eau claire », les instances ne font pas tout pour les disqualifier ». Ceci dit, en matière d'entraînement, Kilian Jornet travaille comme un forçat. Il parcourt chaque semaine entre 10 et 20 kilomètres de dénivelées, en près de trente heures de course. Et selon la période, du ski de randonnée, en hiver, et de la course à pied, le reste de l'année. Du travail, rien que du travail.

Dans l'attente de ses prochains exploits, voici une très courte liste des principaux succès déjà récoltés (sur près d'une centaine), en dehors de ceux déjà évoqués :

En 2007 : champion du monde en skyrunning.

En 2008 : vainqueur de l'Ultra-Trail du Mont-Blanc ainsi que de la Pierra Menta (deux performances rééditées en 2010 et 2011)[1].

En 2009 : champion du monde en skyrunning ; vainqueur de la Tahoe Rim Trail (265 kilomètres autour du lac Tahoe, en Californie) et record de l'épreuve en 38 heures (l'ancien record était de 45 heures et 58 minutes) ; vainqueur de la Coupe du monde en individuel de ski-alpinisme.

En 2010 : champion du monde de ski-alpinisme en Vertical Race ; traversée des Pyrénées d'ouest en est, en 8 jours (ce qui signifie plus ou moins 850 kilomètres en 113 heures de course au total)[2].

En 2011 : vainqueur de la Western State 100, un ultra-marathon de 161 kilomètres, qui se déroule dans la Sierra Nevada ; record du Mont Olympe ; champion du monde de ski-alpinisme en Vertical Race et en individuel.

1. L'Ultra-Trail du Mont-Blanc est une épreuve, qui s'apparente à un tour complet du Mont-Blanc. Elle traverse trois pays (France, Suisse et Italie). Son parcours est de 168 kilomètres, sans étape, pour 9 600 mètres de dénivelée positive et dix cols de plus de 2 000 mètres. Le tout en moins de 46 heures. Avec trois titres, Kilian Jornet est l'athlète le plus titré. La « Pierra Menta » est une compétition internationale de ski alpinisme, en Savoie. Les participants doivent, en quatre jours, parcourir 10 000 mètres de dénivelée et gravir 15 sommets de plus de 2 000 mètres.

2. Le ski alpinisme en compétition consiste en différentes épreuves. Du sprint à la longue distance. Le Vertical Race est une montée pure et directe à ski. Il n'y a pas de descente. Le meilleur temps l'emporte. La dénivelée va de 500 à 1 000 mètres. Pour l'épreuve Individuel la dénivelée va de 1 300 à 1 900 mètres, avec montée et descente.

En 2012 : vainqueur du marathon du Mont-Blanc, en 3 heures et 38 minutes (nouveau record) ; champion d'Europe de ski-alpinisme, en Vertical Race, en 38 minutes et 44 secondes.

En 2013 : champion du monde des Skyrunners World Series ; champion du monde de ski-alpinisme en Vertical Race ; vainqueur et nouveau record du marathon du mont Blanc en 3 h 30 et 41 secondes.

KALTENBRUNNER Gerlinde

Même si la Sud-Coréenne Oh Eun-Sun a été la première alpiniste à gravir les 14 sommets de l'Himalaya et si l'Espagnole Edurne Pasaban en a fait de même par la suite, l'Autrichienne Gerlinde Kaltenbrunner est la première femme à avoir réalisé ce même exploit sans aucune assistance respiratoire et sans porteurs. Les deux premières citées ont en effet, à deux reprises, utilisé de l'oxygène artificiel et Oh Eun-Sun a même fait appel à des porteurs. D'où une certaine controverse[1] (1).

Entre 1998 et 2011, Kaltenbrunner a gravi successivement le Cho Oyu (8 201m), le Makalu (8 463m), le Manaslu (8 163m), le Nanga Parbat (8 126m), l'Annapurna (8 091m),le Gasherbrum 1 (8 068m), le Shishapangma (8 027m), le Gasherbrum 2 (8 035), le Kangchenpunga (8 586m), le Broad Peak (8 047), le Dhaulagiri (8 167), le Lhotse (8 516m), l'Everest (8 848m) et le K2 (8 611m). Cette dernière ascension a été réalisée le 23 août 2011, après cinq échecs consécutifs.

Née le 13 décembre 1970, en Autriche, Gerlinde Kaltenbrunner a commencé à s'intéresser à l'alpinisme dès l'âge de 13 ans, en effectuant de petites ascensions dans la région de Sturzhahn, en Autriche. Durant ses études d'infirmière, elle continue à améliorer sa technique d'escalade tant sur rocher que sur glace. C'est à l'âge de 32 ans, après avoir escaladé son quatrième « 8 000 », qu'elle opta pour une carrière professionnelle.

Lorsqu'on lui demande quel type d'entraînement elle pratique

1. Oh Eun-Sun, qui lors de certaines de ses ascensions a fait appel à de l'oxygène artificiel et à des porteurs, a aussi été mise en cause lors de son ascension du Kanchenjunga. Pour certains, dont sa rivale espagnole Edurne Pasaban, elle n'aurait pas atteint le sommet.
Par ailleurs, lors de son ascension victorieuse de l'Annapurna, sur le chemin de la descente, elle n'aurait volontairement pas voulu porter secours à un alpiniste espagnol, Tolo Calafat, complètement épuisé et incapable de redescendre par lui-même. Ce dernier mourut, à 7 600 mètres d'altitude, seul, abandonné et alors que la Sud-Coréenne et ses sherpas auraient facilement pu l'aider et sauver sa vie.

pour lui permettre de réaliser de tels exploits, sa réponse est simple, le travail, rien que du travail. Des heures d'entraînement sur rocher, du ski de fond, de la course à pied sur le plat et en côte et de la natation pour se relaxer. On peut donc affirmer sans hésitation que les performances de l'alpiniste autrichienne équivalent presque, au niveau féminin, celles du « grand maître » Reinhold Messner. Lui-même, également, un forçat du travail et de la préparation professionnelle pointue.

Red Bull
VISA
Audi
TOBAG
Thinsulate
reusch
TALK TO CHUCK
Putnam

KILDOW Lindsay (ex-Lindsay VONN)

La skieuse alpine américaine Lindsay Kildow va-t-elle bientôt entrer dans la légende du ski féminin en détrônant l'Autrichienne Annemarie Moser-Pröll?. Avec 59 victoires acquises sur les dix dernières années (depuis 2004), il ne lui reste plus que quatre succès à obtenir pour dépasser les 62 victoires de Moser-Pröll. Ce qu'elle aurait certainement déjà fait, n'eut été une série de blessures.

Le parcours de l'Américaine, née le 18 octobre 1984, à Saint-Paul, dans le Minnesota, un lieu pourtant peu propice à la pratique du ski de haut niveau, est typique de celui des « Grands Champions ». Sous l'impulsion de sa famille, Lindsay Kildow a commencé à s'initier au ski dès l'âge de trois ans et à sept ans, elle fit ses débuts en compétition dans une station locale. Toutefois, conscient de son immense talent, son entourage familial décida d'émigrer vers un endroit plus adéquat pour son évolution et sa progression. Elle s'établit alors à Vail, dans le Colorado.

À 14 ans, elle fut la première Américaine à remporter le « Trofeo Topolino », une compétition internationale organisée en Italie qui lui permit de poursuivre sa progression vers l'élite. En 2001 (à 16 ans), Lindsay Kildow effectua ses débuts en Coupe du monde et, un an plus tard, elle se qualifia pour les Jeux olympiques d'hiver organisés à Salt Lake City, aux États-Unis.

En 2003 (à 18 ans), dans le cadre des championnats du monde junior, en France, elle remporta la première médaille de sa carrière, l'argent, en descente. Une discipline qui deviendra sa grande spécialité. La saison 2003-2004 sera celle qui lancera définitivement Lindsay vers une série non-stop de grands succès en Coupe du monde. En effet, le 3 décembre 2004, à Lake Louise, au Canada, elle obtint sa première médaille – en descente – en battant la championne olympique, la Française Carole Montillet, et l'Allemande Hilde Gerg. Elle termina cette saison au sixième rang mondial.

En septembre 2007, elle se maria avec Thomas Vonn, un ancien skieur de haut niveau, qui deviendra également son entraîneur[1] et, en 2008, elle remporta son premier « gros » globe de cristal en dominant le classement général de la Coupe du monde. Durant la saison 2009-2010, avant de participer aux Jeux olympiques d'hiver à Vancouver, au Canada, Lindsay Kildow avait déjà gagné 9 épreuves de la Coupe du monde (5 en descente, 3 en super-G et 1 combiné). Un grand exploit. Et, le 17 février 2010, elle remporta deux médailles lors de ces jeux : l'or, en descente, et le bronze en Super-G.

Malheureusement, le 5 février 2013, Kildow fut victime d'une grave chute, lors de sa première compétition (en Super-G), aux Mondiaux de Schladming, en Autriche. La blessure était grave, une rupture du ligament croisé du genou droit, et sa saison était terminée. Malgré son indisponibilité, elle remporta néanmoins son 17e globe de cristal. Ce qui lui permit de dépasser Annemarie Moser-Pröll au nombre de globes obtenus au cours d'une carrière et de détenir actuellement le record en la matière.

1. En janvier 2013, le divorce entre Thomas Vonn et Lindsay Kildow a été prononcé. Depuis mars 2013, Lindsay Kildow vit en couple avec le golfeur Tiger Woods.

Son bilan actuel est on ne peut plus impressionnant :

– Quadruple championne du classement général de la Coupe du monde (en 2008, 2009, 2010 et 2012). Ce qui lui vaut quatre « gros » globes de cristal.

– 59 victoires et médailles d'or en Coupe du monde (plus 28 en argent et 16 en bronze).

– 13 « petits » globes de cristal (classement à l'issue de la saison : 6 en descente, 4 en Super-G et 3 en Combiné).

– Deux médailles aux Jeux olympiques de Vancouver : une en or, en descente, et une en bronze, en Super-G.

KILLY Jean-Claude et STENMARK Ingemar

Jean-Claude KILLY

Être à la fois skieur alpin et pilote automobile de haut niveau, est-ce compatible ? Cette question devrait être posée au Français Jean-Claude Killy qui, en 1967, remporta la Coupe du monde de ski alpin (en descente, slalom et slalom géant) ainsi que la Targa Florio, en automobile, en catégorie GT ou grand tourisme[1]. Assez rare et impressionnant. Mais Jean-Claude Killy resta néanmoins avant tout un skieur alpin qui a marqué les années '60 alors que pourtant rien ne le prédestinait à devenir un skieur de haut niveau.

En fait, un élément décisif fut à la base de la passion de Killy pour le ski : le déménagement de ses parents, de Saint-Cloud, en région parisienne, où il naquit, à Val d'Isère, en Savoie. Il avait alors trois ans. C'est là qu'il chaussa sa première paire de ski. À 16 ans, il fut sélectionné comme « Espoir » par la fédération française de ski et, ensuite, il fut repris par Honoré Bonnet (ancien responsable de l'École de haute montagne de Chamonix) pour évoluer en équipe de France. Jean-Claude Killy, un talent hors-pair, obtint, à 18 ans, sa première grande victoire à l'occasion du « Critérium de la 1ère Neige » de Val d'Isère, en décembre 1961. Les succès allaient dès lors se succéder mais il réussit sans aucun doute son plus grand exploit, en 1968, à Grenoble, lors des Jeux olympiques. À cette occasion, il remporta les trois médailles d'or mises en jeu, la descente, le slalom et le slalom géant. Avant lui, seul l'Autrichien Toni Sailer avait réussi une telle performance, lors des Jeux olympiques de Cor-

1. La Targa Florio était une course automobile d'endurance qui se disputait en Sicile, de 1906 à 1977.

tina d'Ampezzo, en 1956. Jean-Claude Killy est aussi le seul skieur à avoir remporté, en 1967, en Coupe du monde, six victoires consécutives dans toutes les disciplines de l'époque (descente, slalom et slalom géant) ainsi que 12 des 17 épreuves qui figuraient au programme.

Comment expliquer alors que le bilan du Français se limite seulement à 18 victoires en Coupe du monde contre 54 à l'Autrichien Hermann Maier et, surtout, 86 au Suédois Ingemar Stenmark ! La réponse est simple. Jean-Claude Killy a réalisé ses meilleures performances entre 1966 et 1968. Trois années seulement ! Après les Jeux de Grenoble, à 25 ans à peine, il décida d'arrêter la pratique du ski. Il est évident que si le skieur français avait décidé de réaliser le même genre de carrière qu'Hermann Maier (14 ans) et Ingemar Stenmark (15 ans), il aurait probablement obtenu un nombre de victoires bien plus important.

Ingemar STENMARK

Lors d'un vote organisé, en 2006, par l'Équipe Magazine pour élire le « Skieur du siècle », Ingemar Stenmark a remporté à la quasi unanimité la première place devant Jean-Claude Killy et Toni Sailer. Le Suédois est ainsi considéré comme le meilleur de tous. Rien à redire.

La comparaison avec Jean-Claude Killy est pourtant intéressante. Car si le skieur français était fort dans toutes les disciplines, le Suédois a remporté toutes ses victoires dans deux d'entre elles seulement, le slalom et le slalom géant[1]. Deux disciplines techniques. La seule course de descente à laquelle Stenmark prit part se déroula à Kitzbühel, en Autriche, en janvier 1981, et ce fut un échec marquant. Malgré ce point faible, sa longévité lui permit d'atteindre, en 15 ans, le chiffre astronomique de 86 victoires. Il faut préciser que le Suédois, doté d'une santé et d'une condition physique exceptionnelles, n'a pas manqué une seule saison entre 1974 et 1989. Par ailleurs, Ingemar Stenmark, né en 1956, à Joesjö, en Laponie, débuta le ski alpin à l'âge de cinq ans, gagna sa première compétition, à sept ans, dans le cadre d'une compétition scolaire et remporta son premier titre national, à huit ans. Déjà de la graine de grand champion.

La suite de sa carrière fut une succession de succès avec, à 18 ans, sa première victoire, en Coupe du monde, le 17 décembre 1974, à Madonna di Campiglio, en Italie. Son palmarès, quant à lui, parle de lui-même :

---

1. DESCENTE : la « discipline reine » du ski. Il s'agit d'une descente pure, avec des vitesses de pointe de plus de 140 Km/h. La dénivelée est de 800 à 1 100 mètres chez les hommes et de 500 à 800 mètres chez les femmes.

SLALOM : il s'agit d'une descente avec 40 à 75 portes à passer, avec une distance de 4 à 15 mètres entre chacune d'elles. La dénivelée est de 180 à 220 mètres chez les hommes et de 140 à 200 mètres chez les femmes.

SLALOM GEANT : le parcours est plus long que le slalom, avec 30 portes au minimum, distantes d'au moins 10 mètres. La dénivelée est de 450 mètres chez les hommes et 400 mètres chez les femmes.

SUPER-G : c'est la deuxième discipline de vitesse et un compromis entre la descente et le slalom géant. La dénivelée est légèrement plus faible qu'en vitesse et les courbes sont plus larges.

COMBINE : dans cette compétition le classement est obtenu à l'issue de deux disciplines : une manche en descente et une manche en slalom, les deux dans la même journée. Le total des deux manches détermine le classement final.

FREESTYLE : discipline de ski alpin considérée comme sport extrême ; elle se pratique dans des zones spéciales et consiste à effectuer des figures à partir de structures en neige ou dans une autre matière.

– 3 Coupes du monde (en 1976,1977 et 1978)

– 2 titres olympiques, à Lake Placid, en 1980

– 5 titres mondiaux, à Garmisch, en 1978, à Lake Placid, en 1980, et à Schladming, en 1982

À cela on peut encore ajouter, en Coupe du monde, ses 8 victoires en slalom (de 1975 à 1981 et en 1983) et ses 8 victoires en slalom géant (de 1975 à 1981 et en 1984). Enfin, toujours dans cette même Coupe, il faut relever ses 86 victoires et ses 155 podiums (82 en slalom, 72 en slalom géant et 1 combiné). Assez fabuleux et certainement difficilement battable.

Ingemar Stenmark figure aujourd'hui parmi les quatre sportifs les plus célèbres de l'histoire du sport suédois, avec Björn Borg (tennis), Anja Pärson (ski alpin) et Jan-Olov Waldner (tennis de table) et consacre l'essentiel de son temps à sa famille. Il est cependant à noter qu'il a failli perdre la vie, lors du tremblement de terre qui a frappé l'Asie du Sud et l'océan Indien, en 2004. Alors qu'avec des amis il se bronzait sur une plage, à Khok Kloi, près de Phuket, en Thaïlande, il a vu arriver sur lui une énorme vague, provoquée par un gigantesque raz de marée. Il ne s'en sortit qu'après avoir couru vers les hauteurs du village pour se mettre à l'abri.

KORAC Radivoj

Le 2 juin 1969, une triste nouvelle provenait de Sarajevo : le basketteur Radivoj Korać venait de décéder dans un accident de la circulation. À 30 ans, il était un élément important de l'équipe nationale yougoslave qui, un an plus tard, allait remporter son premier titre de champion du monde (sur les cinq désormais gravés au palmarès) lors d'un tournoi organisé chez elle, au Tivoli de Ljubljana. Et durant lequel elle battit les États-Unis en finale sur le score de 70-63 et sous le slogan « À eux la lune, à nous l'or ».

Comme un peu partout en Europe, le basket effectua sa percée dans la toute nouvelle république des Slaves du Sud, baptisée « Yougoslavie », après la Deuxième Guerre mondiale. Ce jeu, pratiqué par les militaires américains, devint rapidement extrêmement populaire à Belgrade. Dans l'autre sport très populaire, le football, les Yougoslaves avaient un gros problème : ils ne parvenaient pas à battre leurs voisins hongrois, au sommet de leur art en ces temps-là. Ils décidèrent donc de miser sur le basket, considéré jusque-là comme un sport pour femmes, pour partir à la conquête de médailles. D'autant que, dans les montagnes des Balkans, on trouvait beaucoup d'hommes de grande taille. Le succès ne fut pas au rendez-vous du jour au lendemain. Lors du premier Championnat d'Europe qu'elle disputa, en 1947, la Yougoslavie ne laissa que l'Albanie derrière elle au classement (sur 14 participants). Des écoles de basket furent alors créées aux quatre coins du pays, à l'instigation de quatre visionnaires : Nebojsa Popović, Radomir Šaper, Aleksandar Nikolić et Borislav Stanković qui allait devenir plus tard le secrétaire-général de la FIBA, la fédération internationale. En rassemblant les forces, une équipe redoutable fut formée, qui gravit une à une les marches de la gloire. Jusqu'à cette apothéose de 1970 à Ljubljana. Deux pays étaient considérés comme inaccessibles : l'Union Soviétique et les États-Unis. Ils furent tous les deux vaincus. Aujourd'hui, 43 ans plus tard, le réservoir de joueurs est tel que les six républiques, qui formaient la Yougoslavie avant l'éclatement du pays, étaient toutes représentées au dernier Championnat d'Europe, en 2013 en Slovénie.

Korać, élu à titre posthume au FIBA Hall of Fame, donna son nom à une Coupe européenne : la troisième en importance, soit l'équivalent de la Coupe de l'UEFA en football. C'est dire la légende qu'il incarna.

Né le 5 novembre 1938 à Sombor, cet ailier fort s'avéra un marqueur hors pair. Il fut sept fois meilleur marqueur du championnat de l'ex-Yougoslavie, devançant largement Dražen Petrović – lui aussi tragiquement décédé dans un accident de la circulation – qui le fut quatre fois. Il fut aussi le deuxième meilleur marqueur de l'histoire de ce championnat, avec 5 281 points, juste derrière Dragan Kicanović (5 281 points). Lors d'un match de Coupe d'Europe, remporté 155-57 par l'OKK Belgrade face à Alvik Stockholm, en 1964, il inscrivit 99 points : une performance qui rappelle le record NBA établi deux ans plus tôt par Wilt Chamberlain, auteur de 100 points.

Il fut aussi le meilleur marqueur des Jeux olympiques 1960 à Rome et des trois Championnats d'Europe auxquels il participa avec la sélection yougoslave.

Korać participa à trois Jeux olympiques : Rome 1960, Tokyo 1964 et Mexico 1968. Après une 6e puis une 7e place, il décrocha une médaille d'argent. Il gagna aussi deux médailles d'argent au Championnat du monde (1963 et 1967), deux médailles d'argent au Championnat d'Europe (1961 et 1965) et une médaille de bronze au Championnat d'Europe (1963).

Fait invraisemblable : un tel joueur a évolué dans le Championnat de Belgique ! C'était lors de la saison 1967-1968. Alors qu'il venait d'obtenir le droit d'aller jouer à l'étranger, il fut attiré au Standard de Liège et mena le club de la Cité ardente au titre. La saison suivante, il rejoignit le Championnat d'Italie où il évolua sous les couleurs de Padoue. Il termina là aussi à la première place du classement des marqueurs avec 581 points. Ce fut sa dernière saison.

LAUDA Niki

L'histoire du sport mondial a connu une série de champions revenant à la compétition après un terrible accident ou une grave maladie, mais il est certain que le plus « miraculé » d'entre tous est le pilote autrichien Niki Lauda (né en 1949). Si bien qu'en citant son nom, 99 fois sur 100, on pense d'emblée à son carambolage effrayant du Nürburgring, avant de se souvenir qu'il fut un grand pilote, aux 25 victoires et à 3 titres de champion du monde en Formule 1. Au GP d'Allemagne 1976, en effet, Lauda a frôlé la mort dans sa voiture en feu. Mais après quelques semaines seulement de soins, il est revenu à la compétition et il est redevenu le meilleur pilote du monde!

Niki est né dans une famille de la haute bourgeoisie viennoise, mais lorsqu'il a manifesté son désir de se lancer dans la course automobile, sa famille ne l'a pas suivi. Et il a coupé les ponts! Vivant de petits boulots, il a franchi divers paliers et a réussi à obtenir un volant de F1 à 22 ans. La progression a continué, lente, mais pour aboutir enfin à la consécration en 1975, lorsqu'il devient champion du monde sur Ferrari. Deux qualités le caractérisent : la rapidité et la maîtrise de la course. Il hérite de son surnom : L'ordinateur.

Le 1er août 1976, c'est le crash absolu, sur ce circuit du Nürburgring considéré comme le plus dangereux du monde par la plupart des pilotes, dont le fameux Écossais Jackie Stewart : « Un anneau qui n'est fait que de virages (183), aucune protection (à l'époque) sur les côtés truffés de fossés et d'arbres, pas de barrières de sécurité, pas de gravier freineur dans les courbes, pas de services de secours bien organisés. Les responsables des circuits, en ce temps-là, ne faisaient rien pour sécuriser les épreuves. Et il y avait au moins un mort chaque année, en F1... »

Lancé à 200 km/h, Lauda perd le contrôle de sa voiture, frappe l'extérieur de la route, y rebondit et se fait encastrer par deux concurrents. Son casque est arraché, sa voiture prend feu (2e tour du GP, plein d'essence à peine fait) et ce sont trois pilotes de la course qui s'arrêtent et le sortent de son bolide. Les médecins craignent pour sa vie, car ses poumons ont été atteints par des vapeurs de carburant et il est gravement brûlé à la tête. À l'hôpital d'Adenau, un prêtre lui administre les derniers sacrements...

Mais l'Autrichien s'en sort. *To hell and back*, titreront les journaux. Il revient de l'enfer et... 43 jours après son accident, meurtri, souffrant beaucoup à la tête et au visage, il s'aligne au départ du GP d'Italie ! Inimaginable. On lui construit un casque rembourré, afin que les cartilages de ses oreilles, encore à vif, soient protégés. Dans la douleur, il se paye la 4e place de ce Grand Prix transalpin.

Avant le drame du Ring, il comptait 31 points d'avance au Championnat sur Scheckter et 35 sur Hunt. Au Japon, pour le dernier GP de la saison, il a encore 3 points d'avance sur James, son ami. Les pluies sont diluviennes et le circuit rendu très dangereux. On n'aurait jamais donné le départ aujourd'hui, prétend Stewart en 2013. Lauda fait deux tours et abandonne, par prudence. Hunt va jusqu'au bout, prend des points et rafle le titre...

Lauda redevient numéro 1 l'année suivante, malgré une ambiance délétère dans son équipe. Il passe chez Brabham-Alfa Roméo en '78 (4e au Mondial) et annonce sa fin de carrière à mi-championnat, en '79. Il vient de créer sa compagnie aérienne Lauda Air et s'y consacre, même en pilotant. Mais après deux années hors du cockpit, la compétition lui manque tellement qu'il y revient et il termine 5e, en 1982, au Mondial. En 1984, il doit lutter contre son coéquipier Prost, brillant mais moins régulier que lui. Niki gagne 5 GP et il est pour la troisième fois premier pilote au monde avec un demi-point d'avance sur le Français !

Il arrête pour de bon en 1985, après une 25e victoire.

Lauda travaille chez Ferrari comme consultant, il vend sa compagnie aérienne à Austrian Airlines, en remonte une autre en 2003, FlyNiki. En 2012, il est nommé président non-exécutif de Mercedes Grand Prix. Physiquement, il souffre à nouveau : on lui fait deux greffes du rein, l'un donné par son propre fils, l'autre par sa deuxième épouse. 2013 : sortie d'un film consacré principalement à 1976 bien entendu et à la bataille qu'il livra contre James Hunt. Le match très fair-play entre un méthodique et un excentrique. Quelle carrière, Lauda ! Non, quelle odyssée !

LeBron James

La plus grande richesse sportive des États-Unis réside probablement dans le basket-ball. Dans la NBA (National Basketball Association), professionnelle, mais aussi dans ses antichambres, les collèges et les universités. Les champions foisonnent dans l'histoire du basket américain. Il y a les anciens et les modernes. Parmi ces derniers, un « actuel » plus brillant que tous les autres : LeBron James, qui s'insère dans l'indémodable tradition américaine d'un sport qui concerne toutes les générations, avec cette NBA toujours au top.

James, né en 1984 à Akron en Ohio, est un enfant de ce basket-ball et il le confirme lui-même en ces termes : « Le sport m'a évité de faire partie d'un gang. Ou d'entrer dans le milieu de la drogue, attrayant pour les gosses pauvres. Le sport a été ma porte de sortie. Être seul à la maison avec ma mère pour tenir le ménage m'a fait grandir plus vite aussi. »

Grand, puissant et doué, LeBron fait des ravages comme élève sportif du Lycée St-Vincent et Ste-Mary. Il joue si bien au basket que certaines chaînes de télévision retransmettent plusieurs matches de son école en direct ! Pour l'équipe de son lycée, il lui arrivera de marquer 74 points par rencontre. Tout un spectacle, effectivement. À 20 ans, il est le premier joueur de la Ligue à inscrire 2000 points à cet âge. Premier aux « drafts » (sélections), il est recruté par les Cleveland Cavaliers, où il passera sept années. Déjà, en 2003 et donc à l'âge de 19 ans, il a signé avec l'équipementier Nike un contrat de sept ans aussi pour 90 millions de dollars...

En 2010, il quitte subitement Cleveland. Pour une offre plantureuse aux Miami Heat. Les supporters des Cavaliers ne lui pardonneront jamais ce départ précipité, alors qu'il leur jurait de ramener enfin un titre national à Cleveland. Ils le siffleront et le hueront à chaque occasion, brandissant même des panneaux le qualifiant de traître. Mais il fait son chemin et est élu meilleur joueur des États-Unis en 2009, 2010, 2012 et 2013. C'est un colosse de 2m03 et 113 kg, très agile, très complet aussi : bon distributeur, pivot à l'occasion et surtout un ailier-shooteur de haute précision. Un joueur méticuleux qui visionne des centaines de vidéos de matches pour préparer ses rencontres. Un tacticien qui analyse tout, y compris son propre jeu dans les matches passés. « Avant une partie, je « pense » à la façon dont je vais jouer, mais il m'arrive de me tromper sur la disposition de l'adversaire et sur mes propres actions. Pas souvent, mais quand même... J'ai certes un don, mais c'est parfois aussi une malédiction... »

En 2008 et 2012, James est sacré champion olympique, à Pékin puis à Londres, avec la fameuse « Dream Team », toujours aussi irrésistible.

En 2013, il est considéré comme le meilleur joueur actuel de la NBA. La presse l'a baptisé « The Choosen », L'élu. En référence à Michael Jordan, son prédécesseur à l'applaudimètre du basket. À 29 ans, il est le premier joueur – de cet âge – à avoir marqué 20 000 points. Et aussi à avoir délivré 5000 passes décisives. On comptabilise tout, chez l'Oncle Sam. À commencer par les dollars, qui pleuvent comme des hallebardes dans l'escarcelle de LeBron. Contrats, primes et d'innombrables publicités de tous genres lui garantissent chaque année un pactole que le puissant magazine « Sport Illustrated » évalue à 56 millions de dollars, soit le deuxième plus gros revenu sportif au monde, derrière le boxeur Mayweather et le golfeur Tiger Woods, « chiffrés » à 90 millions de $... Aucun problème pour James, dans ces conditions, pour offrir 20 000 $ à la caisse d'Obama en vue de son élection. Le basket US est ainsi fait: les talents y sont déjà sur-médiatisés à l'âge de 15 ou 16 ans. Dans un monde sportif qui déraille, affirment les observateurs de plus en plus dérangés par des excès salariaux qualifiés d'indécents.

« The Choosen », lui, continue de régner dans les raquettes. Sauf accident, il rejoindra dans quelques années au « Hall of Fame » de son basket les grands de la spécialité, les Bird, Cousy, Abdul Jabar, Russell, Chamberlain, Johnson, Jordan, Pippen, Bryant, Malone et tant d'autres jongleurs hors-pair qui ont fait, depuis toujours, la gloire du basket-ball américain, le meilleur du monde.

LEMOND Greg

Le 23 juillet 1989, le 76e Tour de France se termina par un incroyable coup de théâtre: après 3285 km, Greg LeMond écrasa la dernière étape, un exercice individuel contre le chrono de 24,5 km entre Versailles et Paris, et effaça progressivement le retard de 50 secondes qui le séparait du porteur du maillot jaune, Laurent Fignon. Le coureur à lunettes s'écroula en franchissant la dernière ligne droite: il perdit la Grande Boucle pour huit maigres secondes, le plus petit écart final jamais noté entre un vainqueur et son dauphin au terme de la plus prestigieuse épreuve cycliste. Surpris, malheureux pour Fignon, heureux pour LeMond, les Champs Élysées croyait avoir assisté à la plus belle et la plus haletante des victoires. Le public de la Ville Lumière ne devinait guère que l'Américain n'avait pas mérité cet incroyable succès qu'entre Luxembourg et Paris.

Il avait forgé cette victoire dès le 25 avril... 1987. Un peu plus de deux ans avant donc. Ce matin-là, le Californien chassait des dindes sauvages avec un oncle et son beau-frère, Pat. Greg est un chasseur expérimenté, ce qui n'est pas le cas de Pat. «J'étais à côté d'un buisson quand il a remarqué que des volatiles tentaient de s'évader», raconta-t-il plus tard. «Il a épaulé, n'a pas remarqué que j'étais dans son champ de tir....» Ce fut la catastrophe, et le champion criblé de chevrotine. Les secours arrivèrent sur les lieux de l'accident mais le malheureux, qui avait perdu beaucoup de sang, ne put pas être évacué par la route car l'hôpital était trop loin et les médecins craignaient pour sa vie.

Un hélicoptère l'emmena vers le Davis Medical Center de Sacramento où il fut pris en charge par le Docteur Sandra Beal. LeMond fut opéré de toute urgence. La Faculté s'inquiéta: quelques-uns des cinquante plombs qui avaient perforé son corps s'étaient logés dans la région du foie et près de ses reins. LeMond : « À 12 ans, j'avais été opéré à mon rein gauche qui ne fonctionne depuis lors qu'à 20% de ses possibilités. Le rein droit n'a heureusement pas été atteint. Mais je garderai des plombs dans le corps, une vingtaine n'ont pas pu être retirés et resteront dans mes bras et mon dos. Deux se sont même logés pour toujours dans mes poumons. Même si je n'avais plus que la moitié de mon sang, je n'ai pas reçu de transfusions sanguines durant l'intervention chirurgicale. » Les médecins entendaient éviter tout risque de transmission d'hépatite ou de sida.

Sa femme, Kathy, était enceinte. Un heureux événement avant de mettre un terme à sa carrière ?

« Non, je reviendrai, je gagnerai de grandes courses », répondit-il.

Champion du monde sur route en 1983, vainqueur du premier de ses trois Tours de France en 1986, l'Américain fut oublié et vécut plus de bas que de hauts sous les couleurs de l'équipe PDM. La minuscule écurie belge ADR le recueillit en 1989 : LeMond ne fut plus courtisé par la presse au départ de la Grande Boucle. Personne ne lui accorda la moindre chance de succès. Son directeur sportif, José De Cauwer, y croyait pourtant et structura son team autour de lui. Le Californien s'accrocha, étonna et révolutionna en misant sur un vélo de triathlète lors des assauts contre le chrono. Et à Paris, deux ans après son accident de chasse, ce fut le miracle, un retour au sommet unique en son genre.

Sur cette lancée, LeMond revêtira son deuxième maillot de champion du monde sur route. En 1990, il empocha un troisième Tour de France et se retira de la compétition en 1994 car son corps lui présenta une nouvelle addition de son accident de chasse de 1987 : il souffrait d'une myopathie mitochondriale due aux plombs restés dans son corps...

LEWIS Carl

Avant Bolt, l'Américain Carl Lewis (Alabama, 1961) était « le » sprinter de l'histoire, davantage encore que son compatriote Owens, car Lewis eut une carrière de 17 ans, ce qui est assez exceptionnel dans les courses de vitesse; de 1979 à 1996. Ses parents étaient enseignants. Sa mère Evelyn a été une bonne spécialiste du 80 m haies et sa sœur Carol, internationale aussi en sprint.

Très jeune, Carl se met en évidence et il est recruté par l'Université de Houston où il va progresser régulièrement grâce à l'entraîneur Tom Tellez, qui l'accompagnera durant toute sa carrière. Et, à 18 ans, il saute déjà 8m13 en longueur. De 1981 à 1992, il figurera toujours parmi les trois meilleurs coureurs mondiaux sur 100 m, ce qui souligne sa régularité.

L'avènement, c'est à Los Angeles, lors des Jeux de 1984. Lewis ne cachait pas qu'il voulait y égaler la performance de Jesse Owens, en 1936 à Berlin : 4 médailles d'or. Il a d'ailleurs souvent répété qu'il visait davantage les médailles que les records, que l'on peut perdre un jour ou l'autre... Au Coliseum californien, il réalise 9 "9 et remporte le 100 m. Deux jours plus tard, il saute 8m54 en longueur au premier essai, « mord » au second... et renonce au concours, qu'il gagne, mais se fait copieusement siffler par la foule, qui n'apprécie pas ce caprice. Il veut se réserver, dit-il, pour le 200 m et il s'y impose, de même que dans le 4 x 100 m. Pari tenu ! « Maintenant, je veux devenir riche », déclare Lewis...

Viennent les années de rivalité avec Ben Johnson, qui bat Lewis à Rome en 9 "83 sur 100 m, pour 9 "93 à Lewis, lors des Championnats du monde de 1987. Carl l'emporte, lui, à la longueur, un concours dont il sera le roi incontesté pendant dix ans : 65 victoires consécutives !

Bombe à Séoul, aux Jeux de 1988 : Johnson devance à nouveau Lewis sur 100 et en battant le record du monde : 9"79. Mais trois jours après cet exploit, le Canadien (originaire de la Jamaïque) est déclassé pour dopage. Bien des années plus tard, six autres finalistes de ce 100 m avoueront, à la BBC, qu'eux aussi avaient pris des « adjuvants ». Lewis a nié, lui.

Il est champion du monde du 100 m en 1991, à Tokyo, améliorant le record du monde en 9"86, le vrai, celui de Johnson ayant justement été annulé. À la longueur, la bataille est épique, car l'Américain Powell menace sérieusement Lewis. Leur chassé-croisé est haletant. Lewis réalise 8m91 : record du monde de Beamon battu (depuis 23 ans !). Mais ce record ne sera pas homologué par la suite. Powell s'élance et fait 8m95, nouveau record mondial et défaite de Lewis...

À cause d'ennuis respiratoires, Carl ne réussira pas à se qualifier pour les J.O. de Barcelone ('92) sur 100 et 200 m. Mais il l'est pour le relais qu'il gagne : il améliore le record mondial ; et à la longueur, il prend sa revanche sur Powell, le battant de 3 cm : 8m67. Deux médailles d'or, donc, pour Lewis. Qui se qualifie une cinquième fois en équipe olympique américaine pour les Jeux d'Atlanta, en 1996. Il y disputera comme de coutume la longueur... et s'y imposera encore avec un bond de 8m50. Il met fin à sa carrière un an plus tard.

Le comportement parfois hautain, l'arrogance et les exigences de Carl Lewis ne l'ont pas toujours rendu très sympathique. Les soupçons de dopage qu'il avait lancés contre Ben Johnson avant Séoul se sont avérés réels, certes, mais voilà qu'il s'est attaqué aussi à Usain Bolt.

Or, en 2003, le rapport d'un ancien chef du programme de détection du dopage du Comité olympique américain apportait les preuves de trois contrôles positifs de Lewis à l'éphédrine et autres produits en 1988, l'année de la disqualification de Johnson... Allez savoir... Et puis il y a cette déclaration de Victor Conte, à prendre avec toutes les réserves d'usage, car il fut à la tête du sinistre laboratoire Balco, qui alimentait une série d'athlètes en doping. Conte dit : « Contrôlez-les en octobre et novembre, six mois avant les compétitions. Pas la veille ou pendant celles-ci ; là, on ne détecte plus les produits... »

Bon, les polémiques sur le doping ne cesseront jamais.

Carl Lewis, couvert d'or dans les stades, s'est remarquablement reconverti : il a fait fructifier la petite fortune qu'il s'était ménagée en tant qu'athlète d'élite, très recherché par les organisateurs de grands meetings, et il vit de ses rentes; restaurants, immobilier, placements boursiers et utilisation de son image dans une quantité de domaines. Il est l'un des anciens sportifs les mieux payés du monde. D'après le magazine « People with money » (le bien nommé...), il « pèserait » aux alentours de 215 millions d'euros. La tête et les jambes, quoi...

CITROËN
CITROËN
MICHELIN
COUPE DE
S.A.S. LE PRINCE DE MONACO
80ème Rallye Automobile Monte-Carlo

LOEB Sébastien

Les compétitions automobiles qui drainent le plus de spectateurs sont évidemment les rallyes : ils se déroulent en pleine nature, souvent sur des routes sinueuses, étroites, poussiéreuses, neigeuses ou verglacées et ils offrent l'ultime avantage d'être d'un accès gratuit pour le public. Les foules s'y pressent dans le monde entier, pour des spectacles hauts en couleur et en sensations. Et c'est un Français qui y est devenu le plus grand spécialiste de l'histoire de cette catégorie : Sébastien Loeb (prononcez Lob), né en 1974 à Haguenau en Alsace. Neuf Championnats du monde consécutifs à son actif, il sera difficile de faire mieux. Il est le fils d'une professeur de mathématiques et d'un entraîneur de gymnastique, ancien athlète. Sébastien est destiné à faire carrière comme électricien, mais il se révèle au « Volant Rallye Jeunes ». Il doit beaucoup (et il ne l'oubliera pas), lors de ses débuts, à son ami Dominique Heintz, qui l'aide, le conseille, l'encourage. Il passe chez Citroën, son équipe fétiche, en 1995 et concurrence d'entrée ses deux coéquipiers de la marque Carlos Sainz et Colin McRae, eux aussi des « stars » du rallye. Et pendant neuf ans, Loeb va alors dominer sans concession le championnat mondial de la spécialité. Une foison de records, bien sûr; on se limitera à citer ses 78 victoires sur 167 rallyes, et 116 podiums. Retenons aussi qu'il est le premier pilote non-nordique à remporter le Rallye de Suède (gel et neige) et plusieurs fois celui de Finlande. Il est aussi le premier pilote à remporter tous les rallyes classiques du calendrier et sur six surfaces différentes du championnat mondial. En 2013, il participe « pour le plaisir », car il dit avoir pris sa retraite, au Rallye de Monte Carlo et... il le gagne pour la septième fois ! Une victoire encore, en Argentine, où il se rend à la demande expresse de son employeur Citroën, et c'est l'arrêt définitif... avant de se lancer dans une nouvelle aventure sur circuit, sa dernière passion.

Sébastien Loeb aurait pu viser un dixième titre, mais il a tout prouvé et il est lassé des voyages incessants, des décalages horaires, des reconnaissances, des entraînements. Et des points presse... Il tient beaucoup aussi à être plus près de son épouse et de leur fille. Enfin, il a déjà fait fortune grâce à sa supériorité et sa réputation mondiale...

Les raisons du succès de Sébastien sont multiples: au départ, surtout, un talent, un don inné; une faculté à rester calme, un pilotage, disait un journaliste «sublimement rapide»; un bon gymnaste aussi, physiquement toujours au top. Cool. Il décrit fort bien son métier: «Le rallye est la forme la plus «fun» que vous pouvez avoir, parce que vous glissez, vous conduisez sur toutes les surfaces, vous sautez. Mais je le quitte parce que j'avais besoin de changer, de connaître quelque chose d'autre. Je suis comme un jeune pilote de 19 ans qui se lance, désormais, sur des circuits asphaltés...»

Il précise encore: «En rallye, vous devez essayer d'être aussi près que possible des 100 % sans connaître réellement bien les routes. Donc, vous avez besoin de beaucoup d'improvisation dans votre pilotage».

À ses côtés dans le baquet, son copilote, son ami de toujours, Daniel Elena, un homme à qui l'on confie sa vie, car le «road book» qu'il prépare avec minutie ne tolère aucune erreur. Sans quoi c'est l'embardée, ce qui leur est arrivé, bien sûr, mais heureusement sans grand mal. Elena, Monégasque, a participé aux neuf titres de Loeb. Il est à l'opposé de Sébastien, réservé, posé, un peu taiseux. Daniel est un Méditerranéen, volubile, presque toujours de bonne humeur, qui détend l'atmosphère quand c'est nécessaire. Un très grand professionnel aussi, que Citroën a réussi à ne jamais perdre. C'est une force, en tant que copilote, d'être constamment à la merci d'un gars qui vous propulse à toute allure vers des obstacles. Il se souvient, notamment, des rallyes en Scandinavie : « On filait à 200 km/h et on « tapait » dans des murs de neige. Parfois, la moitié des concurrents pouvaient terminer dans des arbres... Dans ces rallyes-là, il fallait poser son cerveau le vendredi matin et le reprendre le dimanche après-midi ! » On imagine, on imagine...

Sébastien a été élevé au rang de Chevalier de la Légion d'Honneur, désigné par la presse « Sportif préféré des Français ». Triomphant, belle gueule, très bon à l'interview, simple avec ceux qui l'approchent, il a tout pour plaire. Il se déplace en hélicoptère et passe ses vacances sur son bateau de luxe. Mais on dit généralement de lui qu'il n'a pas « la grosse tête ». Le public l'aime bien.

MALHERBE André

6 janvier 1988. Une nouvelle glace le sang des amateurs de sports belges : André Malherbe a chuté lors de sa première participation à Paris-Dakar. Il en gardera des séquelles à vie : il est désormais tétraplégique.

Malherbe, c'était l'un des grands noms du motocross belge, qui en a compté quelques-uns. Ce sport, qui fut en réalité inventé en Angleterre (la première course a eu lieu en 1924 à Camberley dans le Surrey), a connu un essor important en France et surtout en Belgique, où les champions du monde se sont succédé. Stefan Everts, le recordman, a été couronné à dix reprises. Derrière lui, on trouve Joël Smets et Georges Jobé (cinq titres chacun), puis Joël Robert, Roger De Coster et Harry Everts (le père de Stefan) avec quatre titres mondiaux chacun. Malherbe a également été couronné quatre fois (une fois en 125 cm^3 en 1973 et trois fois en 500 cm^3 en 1980, 1981 et 1984). Il a aussi été trois fois vice-champion du monde 500 cm^3 en 1983, 1984 et 1986. En 1982, il n'avait pu défendre son titre car il avait été victime d'une fracture de la jambe. Ce n'était toutefois rien en comparaison de ce qui l'attendait six ans plus tard.

Malherbe, né le 21 mars 1956 à Huy en province de Liège, avait de qui tenir. Il est le fils d'un ancien pilote de motocross qui s'occupait d'une concession Honda. Il disputa sa première course à 11 ans à peine et remporta un premier succès l'année suivante. Il gravit alors rapidement les échelons et atteignit la catégorie « Inter ». Mais un obstacle se présenta devant lui. En 1972, le gouvernement belge décida d'interdire la pratique de la moto, tant sur route qu'en compétition, avant l'âge de 18 ans. Après de nombreuses démarches infructueuses, il demanda une licence en France, licence qui ne lui sera finalement accordée que quelques jours avant le début du Championnat du monde 1973 qu'il remporta en 125 cm^3.

Plus tard, ayant repris une licence belge, il s'aligna dans le Championnat du monde 500 cm^3 avec le succès que l'on connait. Malgré ses exploits, Honda décida en 1986 de ne pas renouveler son contrat et Dédé rejoignit le monde des rallyes-raids. Une décision qu'il paya très cher, puisqu'à 32 ans à peine, il se retrouva paralysé. Il témoigna d'une force mentale à toute épreuve et refusa qu'on s'apitoie sur son sort. « J'ai une compagne sympa, une super famille, des amis : pourquoi devrais-je me plaindre ? » déclara-t-il. Il fut souvent cité en exemple, mais a toujours conservé son humilité.

Dans son malheur, Malherbe peut toujours se dire qu'il a la chance d'être encore en vie. Bien d'autres ne peuvent en dire autant. Car on ne compte plus les drames ayant endeuillé le « Dakar ».

Depuis sa création en 1979, 60 personnes (concurrents, spectateurs et membres de l'organisation) ont trouvé la mort au cours du mythique rallye-raid qui prend traditionnellement son départ le premier jour de l'An. Parmi elles, 20 pilotes décédés en course. Mais l'accident qui a le plus marqué les esprits, et dont on continue à parler actuellement, est survenu en 1986 lorsque 8 personnes, dont l'organisateur Thierry Sabine et le chanteur Daniel Balavoine, laissèrent la vie dans la chute de leur hélicoptère.

La polémique ressurgit régulièrement : le maintien de cette épreuve a-t-il un sens ? Pour Malherbe, la réponse est oui : « Je parle évidemment en tant qu'amateur de sports moteurs. Il va de soi que c'est une course dangereuse, et que les accidents sont presque inévitables. En Afrique, vous êtes en plein milieu du désert, seul au monde et puis soudain, vous voyez des Bédouins surgir devant vous. Cette situation, je l'ai vécue. Mais si on supprime le Paris-Dakar, il faudrait supprimer bien d'autres choses qui sont tout aussi dangereuses... »

Malherbe ne regrette rien, et surtout pas d'avoir pris le départ en cette funeste année 1988. « Si c'était à refaire, je le referais. J'ai commis une erreur, je l'ai payée cash. »

Aujourd'hui, le « Dakar » existe toujours, mais il a quitté le continent africain pour se disputer en Amérique du Sud... où les drames sont toujours aussi nombreux.

MALLORY George

Concernant le nom du protagoniste de la première ascension réussie de l'Everest (le toit du monde, situé à 8 850 mètres), la question peut toujours être posée : qui ? L'Anglais, George Mallory, le 8 juin 1924, ou le Néo-Zélandais Edmund Hillary, le 29 mai 1953, soit 29 ans plus tard.

En réalité, par manque évident de preuves pour le premier nommé, cette « première » est indubitablement à mettre au compte du duo Hillary-Norgay Tensing[1]. Et ce n'est pas la découverte très tardive, le 1er mai 1999, par une expédition américaine, du corps congelé de George Mallory, à une altitude de 8 290 mètres, sur la face nord de l'Everest, qui y changera quelque chose. En 2004 et 2005, deux nouvelles expéditions s'employèrent à essayer de retrouver les appareils photos, dont les pellicules auraient peut-être pu apporter une preuve formelle de leur réussite. En vain. Quant au corps du compagnon de cordée de Mallory, Andrew Irvine, il ne fut jamais retrouvé à ce jour. Par ailleurs, nombreux sont les alpinistes chevronnés qui s'accordent à dire que jamais Mallory et Irvine n'auraient pu être en mesure de franchir le second ressaut, sur la crête nord de l'Everest, pour différentes raisons.

Le célèbre alpiniste italien, Reinhold Messner, un expert en matière d'himalayisme, ajoute, quant à lui, qu'il était absolument impossible, en 1924, avec des chaussures à clous, sans pitons (en escalade libre, donc) et avec une fine corde de soie, de franchir le deuxième ressaut de la crête nord, situé à 8 600 mètres[2].

Il n'empêche que les noms de Mallory et Irvine sont entrés de-

1. Norgay Tensing était le sherpa qui accompagna Edmund Hillary jusqu'au sommet.

2. Un ressaut est un tronçon très court et très raide sur une voie. Le deuxième ressaut, sur la crête nord de l'Everest, a été équipé d'une échelle, depuis 1960, par des alpinistes chinois.

puis longtemps dans la légende du monde de l'alpinisme. Car déjà atteindre une altitude de 8 600 mètres, avec des anoraks constitués de couches de soie et de coton (même s'il semble prouvé qu'un tel équipement était de nature à résister aux basses températures) relevait à l'époque – il y a près de 90 ans – d'un énorme exploit.

Il y a aussi lieu de préciser que le parcours d'alpiniste de George Mallory est exemplaire pour l'époque. Il était même devenu un personnage célèbre dans le milieu sportif anglais. Il est donc logique que déjà durant son enfance il se passionna pour l'escalade.

En 1911, à 25 ans, il gravit le sommet du Mont-Blanc. Deux ans plus tard, il escalada en solo le Pillar Rock (892 mètres), dans le parc national de Lake District. À l'époque, c'était la voie la plus difficile de Grande-Bretagne.

En 1921, à 35 ans, il gravit plusieurs sommets aux alentours de l'Everest, question d'étudier le terrain et préparer de nouvelles voies.

Enfin, en 1924, à 38 ans, lors de sa quatrième tentative, il se lança, accompagné d'Andrew Irvine, à l'assaut de l'Everest, dans le cadre d'une nouvelle expédition britannique. C'est à 8 600 mètres d'altitude que leur dernière position et leur ultime trace de vie furent relevées par Noel Odell, un autre membre de la cordée. Avaient-ils ou non atteints le sommet ?

MARADONA Diego

On a écrit le contenu d'une bibliothèque sur Maradona ! Et il y avait probablement de quoi : un joueur génial, sans doute le meilleur de l'histoire avec Pelé et peut-être Messi d'ici quelques années; un personnage souvent peu recommandable en dehors des terrains, mêlé à des faits de drogue, de fréquentations mafieuses, de comportement grossier et embrigadé désormais dans une lutte avec le fisc italien. Cet ouvrage, dans un tel contexte, se focalisera exclusivement sur la classe extraordinaire de ce footballeur.

Diego Armando Maradona est né en 1960 à Lanus, dans la province de Buenos Aires. Fils d'une famille pauvre d'origine italienne (le père) et amérindienne (la mère), on a très vite détecté chez lui un talent hors du commun, ce qui lui valut très jeune déjà le surnom de « El Pibe de Oro », le gamin en or. Il évolua tout d'abord dans l'équipe d'Argentinos Juniors, où il inscrivit la bagatelle de 115 buts en 166 matches. Ce qui lui valut, à 16 ans, une première sélection en équipe nationale de son pays. En 1981, acheté à prix d'or par la fameuse équipe de Boca Juniors, il marqua à 26 reprises en 40 rencontres. L'année suivante, toujours pour un prix défiant toute concurrence, il quitta l'Am'sud pour l'Europe, au FC Barcelone. Il n'y laissa, en deux saisons, qu'un souvenir mitigé, avec une série de goals splendides (38 en 58 matches la première année), mais aussi une autre série, de frasques celles-là, qui n'en firent pas la star attendue par les dirigeants catalans. Lesquels le cédèrent assez volontiers au FC Naples, en 1984. Accueil triomphal, par contre, dans la baie napolitaine, où une foule évaluée à 75 000 personnes était venue l'applaudir à une simple présentation dans le stade de San Paulo. C'est dans cette formation de qualité moyenne qu'il allait réaliser la plus belle partie de sa carrière, menant le FC Naples au titre italien en 1987, le premier championnat national de l'histoire remporté par ce club. Il y a passé sept années mémorables, qui firent stade comble à chacune de ses apparitions et qui déclenchèrent souvent une véritable hystérie en sa faveur, d'autant qu'il se montrait extrêmement prolifique devant la cage adverse : 115 buts en sept saisons !

En sélection argentine aussi, le « Roi de Naples » fit des étincelles. Qui ne se souvient de la manière dont il mystifia la défense belge en demi-finale de la Coupe du monde 1986, au Mexique, de son slalom victorieux à travers tout le bastion anglais et, toujours contre cette formation, son but marqué de la main, « la main de Dieu », qualifiait-il sans vergogne sa tricherie? Il fut en tout cas le principal artisan de la victoire de l'Argentine dans cette Coupe. Quatre ans plus tard, en Italie, les Argentins atteignirent à nouveau la finale du tournoi mondial, mais ils s'inclinèrent, avec Maradona, dans un match de piètre qualité, face à l'Allemagne.

En 1991, le déclin s'annonça pour le petit génie sud-américain. Il multiplia les ennuis hors du terrain et partit à Séville, en 1992, puis rentra dans son pays. Il disputa encore la Coupe du monde 1994 aux États-Unis, inscrivant un dernier but somptueux pour la « nationale » contre la Grèce. Sa santé était devenue de plus en plus fragile, en raison de divers abus.

Diego Maradona a laissé le souvenir d'un technicien remarquable, dribbleur patenté, avec une touche de balle peut-être encore plus « raffinée » que celle du fameux Brésilien Pelé, son grand rival de l'époque, qu'il brocarda souvent de manière peu fair-play. Sa petite taille était considérée comme un avantage, car elle lui permettait de pivoter et de démarrer plus rapidement que bon nombre de ses «gardes du corps», souvent groupés pour l'empêcher de passer. Un buteur génial aussi, marquant dans des situations et des positions où on ne l'attendait pas. Un très bon stratège enfin, lorsqu'il avait envie de permettre à des coéquipiers de terminer le travail. La tête (au foot!) et les jambes.

En 2008, il est devenu l'entraîneur de l'équipe nationale d'Argentine, avec des hauts et des bas pour les résultats. En 2011, on le retrouva à Dubaï. En 2013, lors d'un voyage en Italie, il répéta fréquemment que son rêve, c'était d'entraîner le FC Naples, «le club qui est dans mon cœur, celui qui m'a valu le plus de bonheur dans ma carrière», confiait-il. Le «hic», c'est que le ministère italien des Finances lui réclame 39 millions d'euros d'arriérés d'impôts...

Ce footballeur exceptionnel a joué 589 matches à haut niveau et il y a inscrit 339 buts. Il compte 91 sélections avec l'Argentine. Un vote international organisé par la FIFA l'a élu «Joueur du siècle», avec 36,27 % des voix, pour... 36,20 % à Pelé et 16% à Eusebio, le Portugais. Il fut «Onze d'Or» des journalistes mondiaux en 1986 et '87.

Concernant son bonheur de marquer des buts, on retiendra son expression croustillante: «Arriver dans la surface et ne pas tirer au but, c'est comme danser avec sa sœur.»

MARCIANO Rocky

Avec 43 K.O. à son actif, il est le seul champion du monde de la catégorie poids lourds à avoir accompli une carrière professionnelle sans aucune défaite. Et il a connu le même destin tragique que Marcel Cerdan : il est décédé dans un accident d'avion, le 31 août 1969 près de Des Moines, dans l'Iowa.

Rocky Marciano, de son vrai nom Rocco Francis Marchegiano, est né le 1er septembre 1923 à Brockton, dans le Massachusetts. Ses parents, Pierino et Pasqualena Marchegiano, sont d'origine italienne. S'il changea son nom en Marciano, c'est parce qu'un commentateur de Providence, dans l'État de Rhode Island, ne parvenait pas à prononcer Marchegiano.

À un an, il contracta une pneumonie dont il faillit mourir. À la Brockton High School, il joua dans l'équipe de baseball et de football américain. Mais il fut renvoyé de l'équipe de baseball à cause de son engagement dans une ligue religieuse. Après avoir abandonné l'école, il travailla comme routier pour la compagnie de glace et de charbon de Brockton, puis comme vendeur de chaussures.

En mars 1943, il entama son service militaire pour une période de deux ans au Pays de Galles où il aida à transporter des provisions à travers la Manche à destination de la Normandie. Une fois la guerre finie, il termina son service en mars 1946 au Fort Lewis dans l'État de Washington.

Cette même année, il remporta le tournoi Armed Forces Boxing où il représenta l'armée américaine. Il interrompit sa carrière d'amateur le 17 mars 1947, lorsqu'il monta sur le ring en tant que professionnel. Cette nuit-là, il battit Lee Epperson par K.O. en trois rounds. Malgré tout, il retourna dans le circuit amateur en mars 1948. Avec un score de 8-4, ses années dans les rangs amateurs furent les seules où Marciano enregistra des défaites.

À la fin du mois de mars 1947, Rocky et quelques-uns de ses amis voyagèrent à Fayetteville, en Caroline du Nord, pour essayer d'intégrer l'équipe de baseball des Chicago Cubs. Marciano fut renvoyé au bout de trois semaines. Après avoir échoué à trouver une place dans une autre équipe, il se remit à la boxe. Bien qu'il ait déjà gagné un combat en tant que professionnel contre Lee Epperson, la nuit du 12 juillet 1948 marqua le véritable début de sa carrière professionnelle. Cette nuit-là, il gagna contre Harry Bilizarian par K.O. Ses 15 combats suivants furent aussi remportés par K.O., tous avant le 4e round et neuf avant la fin du premier.

Don Mogard fut le premier boxeur à finir un match contre *The Rock* (le rocher) mais Marciano gagna par décision de l'arbitre.

Le 23 septembre 1952, il affronta le champion du monde des poids lourds, Jersey Joe Walcott, à Philadelphie. Après avoir été au tapis lors du premier round, Rocky se releva et mit son adversaire K.O. au 13e round, devenant champion du monde au terme d'un combat difficile où il fut mené aux points. Il devint ainsi le premier boxeur blanc à ravir le titre des poids lourds aux Afro-Américains. La revanche eut lieu un an plus tard et marqua les esprits car il mit cette fois K.O. Walcott dès le 1er round.

Le 15 juin 1954, Rocky battit l'ancien champion du monde Ezzard Charles par décision au meilleur des 15 rounds. Charles est le seul homme à avoir résisté à Marciano pendant 15 rounds (les autres victoires par décision étant des combats en dix rounds). Rocky le loua plus tard comme l'un de ses plus difficiles adversaires.

Sa dernière défense de titre eut lieu le 21 septembre 1955

contre Archie Moore. Marciano fut mis au tapis pendant deux secondes, mais il se releva et mit Moore K.O. lors du 9e round.

Marciano annonça sa retraite le 27 avril 1956. Il faillit tenter un retour en 1959, mais après un mois d'entraînement, il renonça définitivement.

Il est membre de l'International Boxing Hall of Fame depuis sa création en 1990.

En juillet 1969, peu avant sa mort, Rocky participa à un match fictif : *The Superfight* : *Marciano vs Ali*. Sur base d'images d'archives, un ordinateur simula un combat hypothétique entre les deux boxeurs au sommet de leur forme. Marciano en sortit vainqueur par K.O à la 13e reprise.

MARTY Christian

Le 25 juillet, le commandant de bord Christian Marty effectua son dernier vol pour la compagnie aérienne Air France, aux commandes d'un Concorde. Le seul avion supersonique de l'époque, qui pouvait rallier Paris à New York en à peine trois heures et vingt-cinq minutes. En effet, à 16h42, à l'aéroport de Roissy, le pilote lança son avion qui s'embrasa au décollage, se retourna et s'écrasa sur un hôtel à Gonesse, à quelques kilomètres de l'aéroport.

109 personnes à bord et les 4 femmes de ménage de l'hôtel y perdirent la vie. Ce sera la triste fin d'un pilote modèle et d'un grand sportif amateur. Car Christian Marty était un véliplanchiste, mais pas n'importe lequel. Il fut, en effet, celui qui réalisa la première traversée de l'Atlantique en planche à voile, en atteignant, le 18 janvier 1982, depuis Dakar, au Sénégal, la plage de Kourou, en Guyane. Soit un périple de 4 222 kilomètres réalisé en seulement 37 jours, sur une planche à voile de 3,5m de long sur 0,70m de large.

« Dans toute entreprise périlleuse, l'origine du succès est d'abord la confiance en soi, c'est-à-dire la connaissance de ses moyens, de ses capacités réelles. Il ne s'agit pas d'adopter une arrogance coupable devant le danger. La nature n'aime pas les frimeurs ».

Ces paroles, Christian Marty les a appliquées à la lettre, sans quoi il y aurait eu beaucoup de chance qu'il se fût trouvé au fond de l'océan Atlantique. Et pourtant, au départ, ce jeune pilote – il commença sa carrière comme copilote sur Caravelle à l'âge de 23 ans – n'était pas un passionné de mer mais plutôt un amateur omnisport. Il s'adonna ainsi à au tennis, au ski, au sport automobile et aimait la montagne. C'est en 1976, à 30 ans, que Christian Marty découvrit la planche à voile et que commença une longue initiation à cette nouvelle passion sportive. Le 12 décembre 1982, donc, après deux ans d'une longue et minutieuse préparation, menant une vie de spartiate, et après avoir réalisé la traversée Nice-Calvi – une première – il se lança sur sa planche à voile à l'assaut de l'Atlantique. Pour ce faire il fut accompagné par un voilier qui le suivit durant tout son périple et lui servit d'intendance et d'assistance.

Durant 37 jours, il vécut sur sa planche de jour comme de nuit. La nuit, afin de pouvoir dormir, il entourait sa planche d'une ceinture de boudins, qui en faisait une espèce de jupe flottante, ainsi que de bouées anti-chavirage.

Sur une mer perpétuellement agitée, avec des creux et des vagues énormes et de nombreux chavirages, le tout au-dessus d'un océan qui, à certains endroits, atteint une profondeur de 6 500 mètres, il ne fait aucun doute que le véliplanchiste français a été confronté à la mort et que sans son professionnalisme, son courage et son abnégation, il n'aurait jamais pu réaliser un tel exploit.

MAY WEATHER Floyd Junior

Le samedi 14 septembre 2013, s'est déroulé, à l'hôtel MGM Grand de Las Vegas, le combat de boxe de la décennie. Du moins pour beaucoup. Il mettait aux prises, pour le titre des Superwelters (68-70 kilos) réunis (WBA-WBC), le Mexicain Saul « Canelo » Alvarez (23 ans), le tenant, à l'Américain Floyd « Money » Mayweather Junior (36 ans), le challenger[1].

Treize ans séparaient donc les rivaux, qui tous deux étaient invaincus. 43 combats, dont 42 victoires et un match nul, pour Alvarez ; 43 combats et 43 victoires pour Mayweather. L'un est jeune, l'autre très expérimenté. Ce combat se déroulait dans le cadre d'un accord entre Mayweather et la société Showtime/CBS, qui prévoyait en exclusivité un contrat de 30 mois et 6 rencontres, à livrer à partir de janvier 2013. Et avec, au bout du compte, une somme totale qui pourrait dépasser les 200 millions de dollars de gain pour le boxeur américain.

Le premier de ces combats fut gagné par Mayweather aux points, à l'unanimité des juges, contre son compatriote Robert Gerrero. C'était le 4 mai 2013.

Le second, contre Alvarez, une autre pointure, ne le donnait pas favori. Pourtant, à l'issue d'un combat presque à sens unique, Mayweather l'emporta une nouvelle fois et sans aucune discussion, aux points et à nouveau à l'unanimité des juges.

Dépité, après avoir dû céder ces deux ceintures (WBA et WBC) des Superwelters, Alvarez déclara : « C'est un boxeur intelligent. Je ne pouvais pas l'attraper ».

Pour ce combat « Money » Mayweather a pu garnir son compte

1. Le surnom de « Canelo » – Canelle – a été attribué à Alvarez pour la couleur rousse de ses cheveux.

en banque de la coquette somme de 40 millions de dollars, probablement l'une des plus grosses primes dans l'histoire du sport.

Mais, pour en arriver là, il suffit d'examiner le parcours de Mayweather pour se rendre compte qu'il avait tous les atouts en main pour réussir une si brillante carrière.

Floyd Mayweather, né le 24 février, à Grand Rapids, dans le Michigan, a d'abord pu profiter d'un entourage familial totalement orienté vers la boxe. Son père, homonyme, était un boxeur professionnel, qui avait rencontré le célèbre Ray Sugar Léonard, et deux de ses oncles, Roger et Jeff, étaient d'ex-champions du monde. Ensuite, Mayweather Junior commença à boxer dès l'âge de sept ans, c'est-à-dire très jeune, et livra en amateurs 90 combats, avec un bilan de 84 victoires et 6 défaites.

C'est durant cette période qu'il acquit beaucoup d'expérience et une formation optimale.

Il remporta, durant les années suivantes, trois victoires aux Golden Gloves et une médaille de bronze aux Jeux olympiques d'Atlanta, en 1996, en poids plumes[1]. Puis, il entama sa carrière professionnelle avec le brillant palmarès qu'on lui connaît et durant laquelle il rencontra de fameux adversaires comme Oscar de la Hoya, Ricky Hatton, Juan Manuel Marquez, Victor Ortiz, Shane Mosley et, dernièrement (2012) le Portoricain Angel Cotto. On peut dire que par ses nombreuses qualités – vitesse d'exécution, puissance, sens aigu de l'esquive mais surtout une défense portée à son art – Floyd Mayweather Junior peut être considéré comme le meilleur boxeur au monde, depuis les années 2000.

1. Les Golden Gloves consistent en une compétition annuelle, aux États-Unis, entre les meilleurs amateurs de plus de 16 ans.

Mais Mayweather, qui serait le sportif le mieux payé de la planète (90 millions de dollars en 2013) est aussi un grand parieur, qui mise de grosses sommes d'argent sur des matches de basketball ou de football américain. Et souvent avec succès, comme en 2011, lorsqu'il paria un million de dollars sur les « Patriots » contre les « Broncos » en NFL (National Football League). C'est son appât démesuré du gain qui a ainsi valu à ce flambeur le surnom de « Money ». Évidemment, il reste très discret sur ses échecs !

MERCKX Eddy

1er juin 1968. Douzième étape de la 51e édition du Tour d'Italie. Gorizia-Tre Cime di Lavaredo, dans les Dolomites. Le col des Tre Cime est situé à 2 304 mètres d'altitude. Le départ de l'étape est donné sous une pluie torrentielle et le maillot rose de leader est porté par Michele Dancelli. À un moment donné, douze coureurs, absolument inoffensifs au classement général, tentent leur chance, s'extraient du peloton et portent leur avance à 9 minutes sur ce dernier. C'est le moment que choisit Merckx, accompagné par le Belge Willy Van Neste, pour s'extraire du peloton et tenter sa chance pour revenir sur les échappés. En gravissant une pente qui, par moments, atteignait 18%. Durant cet effort, il est victime d'une crevaison. Van Neste ne l'attend pas et poursuit son effort seul. Lorsque l'avance des échappés se réduit à près de 7 minutes, la neige se met de la partie et les conditions climatiques deviennent dantesques. Neige. Gel. Brouillard. Un minimum de visibilité. C'est l'apocalypse et le moment choisi par Merckx pour porter l'estocade finale. À 4 kilomètres de l'arrivée, le visage givré et couvert de neige, il rejoint Van Neste et a comme objectif de refaire son retard sur les deux leaders du moment, Galera et Polidori, qui possèdent encore une avance de 3 minutes et demie. Il les rejoint et les laisse sur place, avant de franchir la ligne d'arrivée en solitaire et ravir le maillot rose qu'il ne lâchera plus. Eddy Merckx a sans aucun doute réalisé ce jour-là, à 22 ans, l'un des plus hauts faits d'arme de l'histoire du cyclisme et de sa carrière, sur le plan athlétique. C'est-à-dire, rattraper en une douzaine de kilomètres un retard de 10 minutes dans des conditions inimaginables de souffrance et d'abnégation.

L'histoire du Belge Eddy Merckx, considéré comme le plus grand cycliste de l'histoire et surnommé le « Cannibale », est celle d'un petit garçon né le 17 juin 1945, à Meensel-Kiezegen, près de Louvain, qui reçut son premier vélo à l'âge de 4 ans. A 12 ans, élève au Collège Champagnat, à Auderghem, une commune de Bruxelles, il achète son premier vélo de course. Déjà, à cette époque, il se fait remarquer dans son quartier en montant l'avenue qui l'amenait du collège à son domicile pourvue d'une côte de 21% et en position assise. Aucun adulte normal n'en était capable et il dégageait déjà des capacités d'endurance et de souffrance exceptionnelles qui allaient le conduire à une carrière phénoménale par la suite et un bilan époustouflant de 625 victoires, dont 525 sur route.

SON PALMARÈS

– 525 victoires sur route

– 98 victoires sur piste

– 2 victoires en cyclo-cross

Principales victoires :

– 11 grands tours (5 tours de France, 5 tours d'Italie, 1 tour d'Espagne ; 64 victoires d'étape)

– 4 championnats (3 championnat du monde et 1 championnat de Belgique)

– 27 classiques (7 fois Milan-San Remo ; 2 fois le Tour des Flandres ; 3 fois Paris-Roubaix

– 5 fois Liège-Bastogne-Liège ; 2 fois le Tour de Lombardie ; 3 fois la Flèche Wallonne ; 3 fois Gand-Wevelgem, 2 fois l'Amstel Gold Race)

– 12 courses à étapes (3 fois Paris-Nice ; 1 fois le Dauphiné Libéré; 1 fois le Grand Prix du Midi Libre ; 1 fois le Tour de Suisse ; 2 fois le Tour de Belgique

– 1 fois le Tour de Romandie ; 1 fois le Tour de Catalogne ; 2 fois la Semaine Catalane)

– Records (recordman de l'heure sur piste en 1972 : 49,431 km ; le plus grand nombre de victoires en une saison : 54 ; le plus grand nombre de victoires au Tour de France : 34 ; 2 fois le plus grand nombre de victoires d'étapes en un Tour de France : 8 ; seul coureur à avoir gagné le maillot jaune, le maillot vert et le classement de la montagne lors du même Tour de France, en 1969.

– Piste (98 succès)

– Cyclo-cross (2 victoires)

RESPECT

MESSI Lionel

Juillet 2000, un bistrot à Barcelone. Après un mois de test et un avis pas trop favorable des responsables du club, Carles Rexach, ancienne gloire du club Blaugrana et responsable du centre de formation, La Masia, fait signer un contrat – plutôt symbolique – sur une simple serviette en papier. En fait, il s'agit en priorité de le soumettre à un traitement médical consistant à lui inoculer des hormones de croissance, durant 30 mois, au prix de plus ou moins 1 000 euros par mois. Sans ce traitement Lionel Messi n'aurait atteint que la taille de 1,50 mètre à l'âge adulte. Le jeune espoir argentin prendra donc le chemin de la Masia où les frais médicaux et la formation seront pris en charge. La famille sera également hébergée, en Catalogne, aux frais du club. Mais le traitement s'avèrera épuisant : nausées, des muscles qui explosent, des os qui se fêlent et qui se dilatent. C'est le prix à payer pour Messi qui déclare : « Je ne pouvais pas me permettre d'avoir mal, je ne pouvais pas me permettre de montrer mes souffrances, parce que je devais tout au FC Barcelone ». Trois ans plus tard, à 16 ans, le 16 novembre 2003, il participera à son premier match avec l'équipe première du FC Barcelone, une rencontre amicale contre le FC Porto. La saison suivante, à 17 ans, il incorpore définitivement l'équipe fanion du Barça et le 1er mai 2005, contre Albacete, en Liga, il marque son premier but ce qui en fera le plus jeune buteur de l'histoire de la formation catalane.

Plein de clubs, en Europe, pouvaient à l'époque payer le traitement de Lionel Messi mais seul Barcelone s'est engagé à le faire. Pourquoi ? Parce que le Barça est probablement le club le plus professionnel au monde en matière de recrutement et de formation de jeunes, depuis ces deux dernières décennies. Un club, par ailleurs, où les changements de présidents et d'entraîneurs ne changent rien à la philosophie de jeu. C'est-à-dire, produire un spectacle offensif et spectaculaire, en pratiquant le meilleur jeu collectif au monde.

Lionel Messi, dont le grand-père, Angelo, est originaire de la ville d'Ancône, en Italie, est né le 24 juin 1987 à Rosario, en Argentine. À l'âge de 5 ans, il intègre le club local de Grandoli où son père, ouvrier métallurgiste, est entraîneur. Gentil et discret à l'école, comme il l'est dans la vie aujourd'hui, il est plus rebelle lorsqu'il taquine le ballon. Son talent est déjà tel qu'il se fait remarquer par le grand club de la ville, Newell's Old Boys, qu'il rejoint en 1995, à 8 ans. Deux années plus tard, alors qu'il mesure 1,11 mètre, le verdict d'un spécialiste tombe, Lionel est atteint d'une maladie hormonale qui nuit à une croissance normale. Sans hormones de croissance, Lionel Messi aurait probablement atteint, au mieux, 1,50 mètre à l'âge adulte. À l'époque, à cause de la crise économique et financière qui secoue le pays, la plus grande de son histoire, aucun club, ni même le grand River Plate, de Buenos Aires, ne voulut s'engager à prendre en charge son traitement. La suite, avec le FC Barcelone, on la connaît. Depuis son arrivée en Catalogne, à l'âge de 13 ans, le prodige argentin, et très probablement le meilleur attaquant au monde, a trusté toute une série de records et décroché toutes les récompenses possibles et imaginables :

– Quadruple Ballon d'or

– Meilleur buteur de l'histoire sur une année toutes compétitions confondues avec 91 buts

– Meilleur buteur de la Liga en une seule saison avec 50 buts,

– Quatre fois meilleur buteur consécutivement de la Ligue des Champions

– Vingt et un titres, dont 3 Ligues des Champions, 5 Championnats d'Espagne

– 2 Supercoupes de l'UEFA, 2 Coupes du Monde des clubs, une médaille d'or olympique, un titre mondial des moins de 21 ans, et tout cela à 26 ans à peine !

MESSNER Reinhold

« Le savoir ne se trouve pas au coin d'une rue, ni dans le dictionnaire. Le savoir s'acquiert par l'expérience. Le processus de l'apprentissage, c'est ce qu'il y a de beau, d'existant. Si des gens y consacrent leur vie, ils restent toujours jeunes. La jouvence est là. Même si le corps vieillit, l'esprit reste jeune tant que subsiste la curiosité ». Reinhold Messner.

Le 27 juin 1970, Reinhold Messner et son frère Günther, réussissent l'ascension du Nanga Parbat[1] (8 125 mètres) par le versant du Rupal, le plus difficile et le plus haut versant à pic du monde (4 500 mètres). Personne, à ce jour, n'était encore parvenu à réaliser un tel exploit. Même si l'Allemand Hermann Buhl avait le premier dans l'histoire gravi le Nanga Parbat le 3 juillet 1953. Mais c'était par la voie Diamir, nettement moins dure. Une fois arrivés au sommet, Reinhold constate que son frère est épuisé et montre des signes du « mal des montagnes ». Il décide alors d'entreprendre une descente d'urgence par la paroi Diamir, plus facile mais plus longue, afin de ramener Günther à une altitude plus basse. Au cours de cette descente de plusieurs jours, les deux frères ont atteint les limites de leurs forces physiques et mentales. Séparés de quelques mètres et presque arrivés à la fin de la descente, Reinhold s'aperçoit tout d'un coup que Günther a disparu. En fait, ce dernier a été emporté par une avalanche, ce qu'il ignore. Écrasé par la douleur et au bord de l'anéantissement (il sera amputé de plusieurs orteils), Reinhold poursuit son calvaire et finit par trouver de l'aide auprès de

1. Le Nanga Parbat est le plus haut sommet du Pakistan, dans la chaîne de l'Himalaya. C'est l'un des « 8 000 » les plus difficiles et dangereux à conquérir. Appelée « Montagne tueuse » l'ascension du Nanga Parbat a causé à ce jour 61 morts sur un peu plus de 186 ascensions réussies. Le premier alpiniste à avoir atteint son sommet, en 1953 et sans apport d'oxygène, est l'Allemand Hermann Buhl. Lors de cette première héroïque, onze grimpeurs et quinze sherpas ont perdu la vie.

villageois dans un alpage. Les restes humains et des vêtements de Günther Messner ont été retrouvés sur le versant du Diamir le 17 août 2005, après une longue polémique qui a finalement donné raison à Reinhold Messner.

Reinhold Messner, né le 17 septembre 1944 à Bressanone, dans le Trentin-Haut-Adige (Sud Tyrol), en Italie, a huit frères et une sœur, dont six ont effectué des études universitaires. Son père était enseignant. Après des études plutôt brillantes, Reinhold débute sa vie professionnelle en tant qu'enseignant également mais, très vite, il s'oriente vers l'alpinisme professionnel. C'est à partir de ce moment-là que le mythe Messner s'installe et fera que l'alpiniste italien peut être considéré aujourd'hui comme le plus grand alpiniste au monde.

On dira bien entendu que comparaison n'est pas raison mais atteindre le sommet de l'Everest (8 850 mètres), le toit du monde, en solitaire, sans apport d'oxygène et en escalade alpine, il est le seul en 1978, c'est-à-dire, il y a 35 ans, à l'avoir réalisé. Cet exploit était auparavant considéré comme physiologiquement irréalisable pour un être humain à cause des effets de l'altitude. Trois explications peuvent être prises en considération pour comprendre le phénomène Messner :

1. À l'âge de 5 ans, il gravit son premier sommet avec l'aide de son père. L'initiation a donc commencé dès le plus jeune âge. Comme la plupart des champions en sport.

2. Reinhold et son frère Günther sont considérés à un peu plus de 20 ans à peine comme faisant partie des meilleurs grimpeurs d'Europe. Ils sont surdoués.

3. Si le potentiel physique – endurance et résistance – ainsi que l'instinct de survie de Reinhold sont, on peut se l'imaginer, hors du commun, sa préparation aux efforts extrêmes a toujours été à la pointe du progrès en la matière.

Sa diététique de vie a toujours été exemplaire. Voici néanmoins un petit récapitulatif de ses principales performances :

– Première ascension de l'Everest en solitaire et sans oxygène, en 1980

– Les 14 sommets de plus de 8 000 mètres, en solitaire et sans oxygène

– Les 7 sommets des 7 continents (Amérique du Nord, Mont McKinley, 6194m ; Amérique du Sud, Aconcagua, 6962m ; Afrique, Kilimandjaro, 5895m ; Europe, l'Elbrouz, 5642m ; Asie, l'Everest, 8850m ; l'Antarctique, Mont Vinson, 4892m ; Océanie, Puncak Jaya, 4884m)

– Traversée du Tibet, en 1986,

– Traversée du Bhoutan et du Pamir, en 1987,

– Traversée de l'Antarctique, en 1990 (2 400 km),

– Traversée du Groenland, en 1992 (2 200 km),

– Traversée du désert de Gobi, en 2004 (2 000 km).

P.S. : En fin de carrière, Reinhold Messner a été élu au Parlement européen comme député sur la liste des Verts italiens.

MÜLLER Gerd

Un petit gabarit, au centre de gravité très bas. Un renard des surfaces, comme on le qualifierait aujourd'hui. Lorsqu'il reçoit le ballon, il pivote et tire. Avec de grandes chances que le cuir termine sa course au fond des filets. C'est ce style caractéristique, et surtout son efficacité, qui lui valurent le surnom de Bombardier. Car, sous une apparence massive, il cachait une explosivité et une vivacité incroyables.

Gerd Müller, né le 3 novembre 1945 à Nördlingen, possède l'un des palmarès les plus complets du football international. Avec l'équipe de RFA, il remporta le Championnat d'Europe des Nations 1972 et la Coupe du Monde 1974. Avec le Bayern Munich, il s'adjugea trois Coupes d'Europe des Clubs champions en 1974, 1975 et 1976. Il fut aussi le premier Ballon d'or allemand en 1970.

Lorsqu'il rejoignit le Bayern Munich en 1964, à l'âge de 19 ans, ce club aujourd'hui très populaire n'était encore qu'une modeste formation de division régionale sud. L'entraîneur Zlatko Čajkovski ne fut pas immédiatement convaincu par ses qualités. Il le trouvait trop enveloppé et le surnommait « le gros ». Mais au terme de sa première saison, il avait confondu tous ses détracteurs : 33 buts en 26 matches.

Promu en Bundesliga avec le Bayern, Müller s'affirma rapidement comme un buteur exceptionnel. Il remporta à sept reprises le titre de meilleur buteur du championnat : 1967, 1969, 1970, 1972, 1973, 1974 et 1978. Entre 1965 et 1979, il inscrivit 365 buts en 427 matches, ce qui constitue aujourd'hui encore le record du nombre de buts inscrits par un joueur dans le championnat allemand. Il a détenu le record du nombre de buts inscrits sur une année civile, toutes compétitions confondues, avec 85 réalisations entre janvier et décembre 1972, jusqu'au 9 décembre 2012 lorsqu'il fut détrôné par Lionel Messi, auteur de 91 buts cette année-là.

En juin 1973, le Bayern avait accepté de transférer Müller au FC Barcelone, mais au dernier moment, alors que le contrat était signé, le gouvernement allemand empêcha l'opération : il ne voyait pas d'un bon œil le fait qu'un tel joueur quittât l'Allemagne à un an de la Coupe du Monde organisée sur son territoire. Le Barça recruta alors Johan Cruyff à sa place.

Le plus prolifique de tous les attaquants fut néanmoins contraint à l'exil en 1979. Sur le déclin, il n'était plus aussi essentiel au Bayern aux yeux de son entraîneur Pál Csernai. Il tenta de relancer sa carrière en jouant pendant deux ans et demi aux Fort Lauderdale Strikers, dans le championnat nord-américain de la NASL aux côtés de George Best, puis il se retira de la scène footballistique.

Avec l'équipe nationale allemande, sa carrière fut brève mais intense. Associé au vétéran Uwe Seeler en attaque, il inscrivit 10 buts lors de la Coupe du monde 1970 au Mexique. Deux ans plus tard, il remporta le Championnat d'Europe des Nations organisé en Belgique, en inscrivant quatre buts en deux matches. Enfin, en 1974, il obtint la consécration en devenant champion du monde avec ses coéquipiers de la Mannschaft. Même si, avec quatre buts, il fut moins prolifique que quatre ans plus tôt, il inscrivit le but de la victoire en finale contre les Pays-Bas (2-1), dans son style caractéristique, tout en pivot.

Ce fut sa dernière apparition en sélection. Müller annonça sa retraite à l'issue de la rencontre, alors qu'il n'avait que 28 ans. Selon certaines rumeurs, c'était un signe de protestation au fait que les femmes de joueurs n'avaient pas été invitées au banquet final. Mais il semblerait qu'il avait pris cette décision avant la finale et qu'il avait même mis le sélectionneur Helmut Schön dans la confidence. Il est l'un des rares footballeurs, avec le Hongrois Sándor Kocsis notamment, à avoir dépassé la moyenne d'un but par match en équipe nationale (68 buts en 62 rencontres).

Retiré des terrains, Müller sombra dans l'alcoolisme. Ses amis du Bayern, et en particulier Uli Hoeness, l'aidèrent à s'en sortir. En 1992, il rejoignit l'encadrement du club bavarois.

NADAL Rafael

Voilà un tennisman des temps modernes : un athlète, qui court comme un lapin et qui frappe comme un bûcheron… Rien à voir avec les artistes de la raquette qu'étaient, par exemple, le Suédois Stefan Edberg ou le Letton (devenu américain) Vitas Gerulaitis. « Rafa », comme on l'appelle communément, est né à Manacor, sur l'île de Majorque, en 1986. Il est considéré comme le plus grand spécialiste de la terre battue. Son palmarès l'atteste : il a remporté à 8 reprises le Grand Chelem de Roland-Garros (record absolu), 2 fois Wimbledon, 2 fois l'US Open et 1 fois l'Australian Open. Ce qui représentait, en 2013, une moisson de 13 tournois majeurs sur quatre surfaces différentes. Seuls André Agassi et Roger Federer ont réussi de même.

Rafael Nadal a été sacré champion olympique de simple en 2008 à Pékin et il a participé à quatre reprises à la victoire de l'Espagne en Coupe Davis. Il a été numéro 1 mondial en 2008-2009 et il l'est redevenu en octobre 2013. Débuts précoces sur les courts, comme la majorité des champions, à l'âge de 8 ans, sous la conduite de son oncle, Toni Nadal, qui l'a entraîné tout au long de sa carrière. Le sport était une passion familiale, car un autre frère de son père, Miguel Angel Nadal, a joué au football au FC Barcelone et en nationale ibérique. Sur les conseils de Tonton Toni, Rafa suivit tout jeune une formation de gaucher, alors qu'il est droitier. Pour être plus performant, notamment, dans ses revers à deux mains. Et ce sera une réussite. Chose curieuse tout de même, il a continué à écrire, à manger, à jouer au golf et au basket… de la main droite.

Il a réalisé son premier petit exploit à 14 ans, devant son public de Majorque. L'adversaire engagé pour affronter Pat Cash en match-exhibition faisait défaut et les organisateurs décidèrent de lancer dans l'arène le petit champion local. Nadal s'est imposé nettement et Cash, 36 ans mais quand même un ancien vainqueur de Wimbledon, n'a pas apprécié du tout... Deux ans plus tard, toujours ado, il récidivait en battant coup sur coup Costa et Moya (deux compatriotes !), anciens triomphateurs à Roland-Garros. Plus de doute, cette fois, ce gamin-là était appelé à une grande carrière. Et les succès de se multiplier, dès lors, hiver comme été.

Nadal est devenu un combattant impressionnant sur les courts, un joueur physique certes, mais aussi un bon tacticien parfaitement conseillé par l'oncle Toni.

Sa tactique principale : exploiter le point faible de l'adversaire, grâce à son redoutable « lift », qui l'empêche de passer à l'attaque. Une première balle de service à 200 à l'heure ou une deuxième à 160 km/h, mais tellement pourrie d'effet lifté qu'elle désarçonne l'opposant. Un coup droit de fond de court extrêmement puissant, souvent le long des lignes et puis cette combativité exceptionnelle, une course ultra-rapide et un mental permanent de vainqueur, même lorsqu'il est largement mené à la marque. Son jeu en force et en déplacements rapides exige une préparation adéquate et il n'a jamais dérogé aux habitudes, s'entraînant aussi à vélo, à la rame et à la nage. Toutefois, la résistance a ses limites et la dépense d'énergie et les efforts extrêmes déployés sur le terrain lui ont aussi valu quelques blessures. Rafa a souffert, malgré sa jeunesse, des articulations. Au point de devoir s'absenter du circuit, pour se soigner notamment au genou, durant sept mois. Il a déjà « condamné » à plusieurs reprises les surfaces en dur, qu'il accuse de provoquer les atteintes aux chevilles, au dos, aux genoux, mais le calendrier ATP est tel qu'il est impossible de se débiner à l'occasion.

Gladiateur implacable sur un court, il est très apprécié par contre de ses pairs en dehors des matches, pour sa sportivité et son fair-play. Il a d'ailleurs reçu le trophée Stefan Edberg (qui était un exemple en son temps) pour le fair-play sur le circuit. On le dit peureux, redoutant les chiens, les orages; méticuleux, avec des rituels. Ainsi, il ne marche jamais sur les lignes aux arrêts de match; range ses bouteilles d'eau avec précision et en s'y abreuvant à tour de rôle, en alternance; il a toujours le même kiné qui lui applique des bandages sur les doigts et le genou récalcitrant, etc. Un modèle, encore, pour les jeunes : il n'a jamais cassé sa raquette par dépit. « Si je perds, c'est de ma faute, pas à cause d'un objet. »

Pour « sortir » de temps à autre du monde du tennis, sa recette est restée la même depuis ses grands débuts chez les pros : retour à Majorque, à la « casa » familiale, auprès de ses parents, de sa fiancée de toujours, Maria Francesca, et de sa grande passion : la pêche en mer.

NAVRÁTILOVÁ Martina

Billie Jean King, Steffi Graf, Chris Evert, Serena Williams? Quelle est la plus « grande » joueuse de tennis du monde? Martina Navrátilová, sans aucun doute aux yeux des spécialistes. Les chiffres le prouvent : 18 Grand Chelem en simple, 31 en double dames et 10 en double mixte, soit 59 Grand Chelem, les tournois au sommet, un palmarès inégalé.

Martina naît à Prague en 1956 sous le nom de Šubertová, mais ses parents divorcent lorsqu'elle n'a que trois ans et on lui octroie le nom du nouveau compagnon de sa maman, Navrátilov. On ajoute toujours un « a » au féminin. Longue carrière que la sienne : de 1973 à 1994, puis des apparitions épisodiques pendant six ans jusqu'en 2006. Et elle n'a toujours pas quitté les courts en 2013, puisqu'elle participe à des exhibitions et à des tournois de vétérans !

Américaine depuis 1981 (elle a demandé l'asile politique et été déchue de sa nationalité tchèque à l'époque, mais l'a récupérée plus tard), Martina fut longtemps la grande rivale de Chris Evert, qui la battit lors de leurs 21 premiers matches. Puis, la puissance physique de Navrátilová renversa les rôles. Au total : 43 victoires pour Chris et 47 pour Martina. Par la suite, c'est le jeune âge de Steffi Graf qu'elle dut affronter, mais elle s'en tira bien : 9 défaites et 9 victoires contre l'Allemande.

Tous les observateurs le reconnaissent, c'est Navrátilová qui a modifié radicalement le visage du tennis féminin. Avec un style nouveau : par sa vitesse, son agressivité, sa flexibilité. On a découvert subitement une gauchère à la volée superbe, au service-volée impressionnant et au smash dévastateur. Innovation, puissance, précision, sens tactique très développé, mais aussi une manière de se préparer que l'on n'avait jamais encore vue aussi méticuleuse et inventive. En 1980, donc très jeune encore, Martina s'est entourée d'une équipe de spécialistes qui n'étonne plus aujourd'hui, mais inédite à l'époque : kiné, médecin, entraîneur, joueuse américaine pro de basket pour la rendre plus forte physiquement et mentalement et le Dr. Haas, un nutritionniste de Miami, qui allait bouleverser ses habitudes. Haas l'a incitée à arrêter de manger de la viande rouge, des graisses et des sucres. Il prélevait tous les jours son sang pour l'analyser en fonction des repas. Il l'appelait « My bionic woman »...

Pendant toute une période, il s'est plu aussi à étudier le jeu d'Evert, la principale adversaire de Martina, avec son ordinateur, au bord du terrain lors des matches de Chris.

En tennis, c'est une méthode de préparation, alimentation comprise, qui a été accueillie tout d'abord avec méfiance...et ensuite copiée sans vergogne. Car les résultats ont suivi tout de suite, pour Martina, les victoires s'amoncelant à toute allure. Dès 1981, elle gagne l'Open d'Australie, Roland-Garros et Wimbledon en 1982. Un an plus tard, moisson-record : elle remporte 86 des 87 matches qu'elle dispute sur l'année ! Suivront, notamment, 8 autres succès sur le gazon de Wimbledon qu'elle adore, un tournoi dont elle rêvait déjà toute petite fille.

Et les filles, elle les aime, Martina, sans s'en cacher. On la dit bivalente, mais on connaît surtout ses liaisons amoureuses avec la gent féminine. À ceux qui l'interrogeaient sur son avenir, elle répondait : « Je ne dirais pas que je voudrais mener une vie normale, parce que je ne sais pas ce qui est normal... » Martina a toujours fait dans la vie ce qu'elle avait envie de faire, sans s'occuper du qu'en-dira-t-on. Et ses victoires, tout comme sa franchise, n'ont fait que la rendre plus populaire auprès du public des États-Unis, qui l'avait adoptée dès l'instant où elle avait porté son choix sur la nationalité américaine. À tel point qu'en pleine gloire, un référendum l'avait désignée « la femme la plus aimée des Américains »! Dernière victoire à un mois de ses 50 ans, en 2006, dans le double mixte de l'US Open. Mais elle n'a jamais quitté le milieu : elle est consultante pour des chaînes américaines dans les grands tournois, écrit ou édite des livres sur son sport, participe à de nombreuses actions caritatives en faveur des enfants, avec ou sans implication tennistique. Elle ne s'ennuie certes pas, car elle continue d'arpenter le monde, non seulement en jouant ses propres matches « à l'ancienne », mais en vérifiant les comptes de ses investissements boursiers et immobiliers (tout un lot d'appartements à Prague visibles sur internet), en supervisant ses collaborations dans les cosmétiques, les parfums, ses restaurants à Washington ou ses collections de vêtements pour ados. On en passe. Milliardaire en euros, Martina...

Un événement l'a cependant marquée sévèrement, ces dernières années : l'annonce de son cancer du sein. « My personnal Nine/Eleven » dit-elle. Allusion à l'attaque sur les deux tours new-yorkaises. Mais la médecine l'a sauvée, heureusement.

OCAÑA Luis

Le sport, terre d'exploits et théâtre de tragédies. La carrière de Luis Ocaña, grand d'Espagne, que la famille quitta le cœur à la dérive pour échapper au chômage et aux séquelles du franquisme, ressembla finalement à sa vie, joyeuse un jour, triste le lendemain. Originaire de Priego, un village de la province de Cuenca, où il vint au monde le 9 juin 1945, Ocaña avait 11 ans quand les siens se fixèrent de l'autre côté des Pyrénées, à Mont-de-Marsan. Son père s'y usa à la tâche pour offrir un avenir à tous les siens. L'histoire a bien sûr retenu sa victoire, indiscutable, sur les routes de la Grande Boucle '73, fêtée comme il se devait, moment de joie intense qui, pourtant n'effaça pas le souvenir d'un drame, d'une chute dans la descente du Col de Mente en 1971. Ce coup du sort plongea la Grande Boucle dans la tristesse. Jamais sans doute le malheur ne succéda aussi brutalement au bonheur, à la certitude de réaliser le grand rêve de sa vie.

Pour y arriver Ocaña terrassa Eddy Merckx entre Grenoble et Orcières Merlette. Personne n'avait jamais réussi à distancer le Cannibale avec un tel panache. Merckx lui mena la vie dure au cours d'une étape de folie en direction de Marseille ou lors d'un contre-la-montre à Albi. Combat de titans entre un crack belge, gardant ses émotions pour lui, et ce bel Hidalgo qui, lui, fonctionnait à l'émotion, certain d'être sur le point de bouleverser la légende. Un scénario de roman à succès dont la dernière page devait être écrite à Paris. Les Pyrénées, qu'Ocaña connaissait sur le bout des pédales, se réservèrent pourtant le chapitre le plus sanglant, point final d'une lutte d'une beauté à couper le souffle. Le sport cycliste s'élevait au rang d'art qui inspira d'ailleurs de nombreux écrivains.

Merckx avait-il épuisé Ocaña avant d'aborder les marches de l'Espagne? Le maillot jaune espagnol se posait-il des questions en constatant que Merckx ne lui accorderait pas un moment, pas une seconde, de répit, avant la dernière ligne d'arrivée à Paris? Peut-être mais il était tellement certain de gagner cette Grande Boucle et de présenter sa tunique bouton d'or chez lui, à Mont-de-Marsan, point de départ de la 17e étape! Le ciel décida de participer à ce Tour de légende en prenant la tête des événements dans la traversée des Pyrénées, dessinant un décor apocalyptique que seuls des coureurs cyclistes osent aborder. Le danger était là. Il attendait son heure pour accomplir sa sinistre besogne.

Dans l'Équipe, Pierre Chany, réalisa un de ses plus beaux tableaux littéraires, chaque mot brillait d'une couleur somptueuse. L'orage éclata alors que les forçats de la route avaient franchi le sommet du col de Mente. « Des torrents en fureur inondaient la chaussée d'une eau noirâtre et la visibilité commençait à faire défaut (...) Un virage à gauche, en forme d'épingle à cheveux, se présenta alors au plus fort de cet orage, qui venait de nous surprendre, après des heures d'une canicule intense. Une coulée d'eau limoneuse transformait la route en ruisseau, dissimulant un sol couvert de gravillons épars. » Merckx ne parvint pas à éviter la chute mais, bien que légèrement blessé au genou et au mollet droit, se redressa tout de suite. Le Maillot jaune glissa lui aussi à cet endroit, se releva pour se lancer à la poursuite du Cannibale. Joop Zoetemelk le percuta en pleine poitrine alors avec la force d'un coup de tonnerre. Agostinho, Thévenet et Martinez se fracassèrent eux aussi sur Ocaña. C'était terminé, les yeux clos, brisé par cette montagne qu'il aimait tant, qui semblait s'effondrer, le leader du classement général, contraint à l'abandon, vivait le deuil de ses rêves. Le Tour foudroyé. La tornade s'éloigna en gravant dans le ciel un arc-en-ciel avec les larmes d'Ocaña.

Le lendemain, Merckx refusa de porter le maillot jaune en signe d'hommage à Ocaña, son adversaire tombé au champ d'honneur, son ennemi qui, plus tard, devint son ami. Le 20 mai 1994, atteint par un cancer, Ocaña mit fin à ses jours. Il n'avait que 48 ans et Merckx ne cacha pas son émotion en apprenant la triste nouvelle.

OWENS Jesse

Aujourd'hui, on ne parle plus que de Bolt. Mais pendant plus de 70 ans, à partir de 1936, on ne parlait que d'Owens! De Jesse Owens, une abréviation phonétique de J.C. alias James Cleveland, «Jessie» Owens, né en 1913 et décédé en 1980. Un sprinter épatant, multiple recordman du monde, qui a remporté quatre médailles d'or aux Jeux de Berlin en 1936. À qui Hitler, raciste, aurait refusé de serrer la main, fruit d'une légende tenace et parfaitement fausse, car le chancelier nazi avait quitté le stade avant que Owens, vainqueur, ne soit invité à la tribune d'honneur. Jessie est le premier noir de renommée réellement internationale en athlétisme.

Issu d'une famille pauvre de onze enfants, en Alabama, Jesse Owens se montre déjà excellent athlète, très jeune, en athlétisme et aussi en basket-ball. À 15 ans, il fait la connaissance du champion olympique de sprint Charly Paddock, qui le conseille judicieusement. À 20 ans, alors qu'il s'entraîne au lever du jour, suit ses cours de collège dans la matinée et travaille comme magasinier l'après-midi, il réalise une performance éclatante sur 100 yards: 9"4, record du monde égalé. Ce qui déclenche un intérêt considérable de plusieurs universités américaines, toujours intéressées par les champions en herbe. Il accepte une bourse d'étude à Colombus, en Ohio.

Le 25 mai 1935 (il a 22 ans) est peut-être aussi inoubliable pour les connaisseurs de l'athlétisme que la semaine berlinoise de '36. Car il faut bien se tenir: en l'espace d'une heure, à Ann Arbor au Michigan, Jesse bat ou égale pas moins de 6 records du monde: 100 yards, puis la longueur avec un seul saut parce qu'il est pressé (!) à 8m13, le 220 yards et le 200 m, le 220 yards haies et le 200 m haies. Du jamais vu! 10 000 spectateurs l'acclament à tout rompre.

En juin ’36, Jesse bat le record du monde du 100 m en 10"2. Et il faut se rappeler l’époque : les pistes sont en cendrée, laquelle absorbe souvent l’humidité, ce qui la rend très lourde. Sur le tartan ou autre structure synthétique d’aujourd’hui, avec un entraînement moderne et des spikes haut de gamme, qu’aurait réussi Owens? On peut rêver, non, d’un match avec Bolt?

Un mois après, c’est le rendez-vous historique dans la capitale allemande. Owens domine le 100 m, remporte la longueur avec 8m06, après avoir lutté longtemps contre l’Allemand Lutz Long, qui deviendra un véritable ami plus tard, confirme sur 200 m et le voilà confronté à un problème pour le 4 x 100 m. Le directeur de l’équipe américaine écarte du relais deux athlètes prévus initialement, Glickman et Stoller, parce qu’ils sont juifs diront la majorité des observateurs et parce que Brundage, alors président du CIO, souhaite ne pas déplaire à Hitler...qui aurait confié à sa société la construction de l’ambassade allemande à Washington... Jesse s’insurge auprès de son patron de l’athlétisme : « Je n’étais pas prévu pour ce relais et j’ai déjà trois médailles d’or. Laissez courir mes copains. » On ne l’écoute pas et il doit s’aligner, au premier relais, avec le succès que l’on devine pour la formation US. Quatrième breloque d’or !

Les performances extraordinaires de Jesse Owens sont magnifiquement mises en images dans le film « Les dieux du stade », tourné à Berlin avec des moyens colossaux, ultra-modernes pour l’époque (ralentis, couleur pour certaines prises) obtenus par Leni Riefenstahl auprès de son ami Goebbels. Une des rares satisfactions à mettre au crédit de ces deux valets du Führer...

De retour au pays, Jessie sera accueilli en triomphe par le bon peuple. Le président Roosevelt, par contre, refusera de le recevoir, ne voulant pas perdre des voix, disait-on, à la veille d’élections qui le concernaient... Owens devra aussi se prêter à des simulacres de courses pour faire un peu de dollars : on l’opposera à des adversaires à qui il concède un handicap de quelques mètres au départ. Il les battra tous, évidemment. Il affrontera à plusieurs reprises...un cheval! Devancé lui aussi. On le classera comme professionnel. Et la Seconde Guerre mondiale l'écartera pour de bon de l'actualité.

Ainsi finit le règne de celui dont un spécialiste du sprint disait: « il avait une grâce facile qui n'a jamais été égalée. Il ne tapait pas le sol, il caressait la surface. »

Aux États-Unis comme partout dans le monde, ses exploits et sa prestance ne restèrent pas sans effet. Lui-même se vit offrir le poste de chef du personnel de Ford Detroit et on fit appel à sa personnalité gentille et convaincante pour nombre d'actions humanitaires internationales. Et c'est sa petite-fille qui alluma la flamme olympique des Jeux de Los Angeles, en 1984.

Des centaines, oui, de salles, de terrains de sport, d'organisations sportives et autres portent son nom aux quatre coins du globe.

À Seclin (Nord de la France), un complexe sportif porte le nom de Jesse Owens, rue Pablo Picasso... La gloire n'est pas toujours éphémère.

PACQUIAO Manny

Le Philippin Manny Pacquiao, surnommé « Pac-Man », âgé aujourd'hui de 37 ans, fait d'ores et déjà partie du gotha mondial de la boxe. Il est le second boxeur de l'histoire à détenir des titres mondiaux dans six catégories différentes. Seul l'Américain Oscar de la Hoya possède un tel palmarès. Sacré par trois fois « boxeur de l'année », il peut être considéré comme le meilleur boxeur au monde toutes catégories confondues de la décennie 2000-2009, avec l'Américain Floyd Mayweather

Pacquiao est un boxeur très complet. C'est un puncheur redoutable (70 % de victoires avant la limite), d'une rapidité sans pareil et possédant une vision du jeu exceptionnelle[1].

Comme tous les grands champions, le Philippin a commencé à boxer très jeune, à 14 ans, en catégories amateurs, où il accumula les victoires. Son bilan en amateurs augura déjà d'une brillante future carrière chez les « pros » : 64 combats, 60 victoires et 4 défaites.

En janvier 1995, Pacquiao livra son premier combat professionnel à l'âge de 16 ans. S'en suivirent 11 victoires consécutives. Il sera alors sacré champion du monde dans six catégories différentes :

– Le 14 décembre 1998, en poids mouches, en battant le Thaïlandais Chatchai Sasakul

– En juin 2001, en poids super-coqs, en battant le Sud-Africain Lehlonolo Ledwaba

– En mars 2008, en poids super-plumes, en battant le Mexicain

1. Un puncheur est boxeur qui possède des coups violents et précis de nature à mettre son adversaire hors de combat.

Juan Manuel Marquez

– En juin 2008, en poids légers, en battant l'Américain David Diaz

– En novembre 2009, en poids welters, en battant le Portoricain, Miguel Angel Cotto

– En novembre 2010, en poids super-welters, en battant l'Argentin Sergio Gabriel Martinez

Son palmarès en professionnel s'établit comme suit : 61 combats, 54 victoires dont 38 par K.O., 5 défaites et 2 matchs nuls[1].

Son dernier combat remonte au 9 décembre 2012, lorsqu'il perdit contre Juan Manuel Marquez (c'était leur quatrième face-à-face), à Las Vegas, par K.O. à la 6e reprise.

Pacquiao, dominé quelques mois avant (en juin 2012) par l'Américain Timothy Bradley pour le titre WBO des welters[2], encaissa ainsi sa deuxième défaite consécutive de sa carrière et son premier K.O. depuis 1999.

Manny Pacquiao, occasionnellement acteur et chanteur, fut élu député de la province de Sarangani lors des élections législatives des Philippines, en 2010.

1. Le K.O. ou knockout est la mise hors de combat d'un boxeur suite à un coup violent de son adversaire.

2. La Word Boxing Organisation (WBO) est l'une des quatre principales organisations internationales de boxe anglaise professionnelles avec la WBA, la WBC et l'IBF.

PARRADO Fernando (Nando) et CANESSA Roberto

LEUR EXPLOIT

Le lendemain, le 15 décembre, quatrième jour de notre expédition, j'ai réveillé Roberto au lever du jour et nous sommes repartis. Nous glissions et nous coincions les pieds dans des crevasses. La progression était difficile et douloureuse, il fallait faire très attention au moindre pas – nous savions tous deux que dans ce paysage sauvage, une cheville brisée équivaudrait à une sentence de mort. Je me demandais ce que je ferais si l'un d'entre nous était blessé. Est-ce que j'abandonnerais Roberto ? Est-ce que lui me laisserait ?

(Extrait de « Miracle dans les Andes », de Nando Parrado, Editions Grasset et Fasquelle, 2007)

LEUR DRAME

En 1972, l'équipe de rugby à XV des « Old Christians », du collège Stella Maris, de Montevideo, en Uruguay, devait se rendre à Santiago, au Chili, pour y jouer un match amical. Pour effectuer le vol, un Fairchild F-227, de la Force aérienne uruguayenne, fut affrété. Il y avait 45 personnes à bord, y compris l'équipage. C'est alors qu'il survolait les Andes, que l'avion s'écrasa dans la cordillère à environ 4 000 mètres d'altitude.

Les 16 rescapés de ce drame vécurent durant 72 jours, dans un morceau de la carlingue, au milieu des cadavres, sur un glacier situé à près de 3 500 mètres. Pour survivre, contre le froid, le désespoir, la faim, les survivants n'eurent bientôt d'autre choix que de manger la chair de leurs compagnons décédés.

Après deux mois de survie, et devant une fin proche, deux membres de l'équipe, Fernando « Nando » Parrado et Roberto Canessa, décidèrent de partir en expédition pour aller chercher du secours et essayer de sauver les 14 autres rescapés. Avec un équipement de fortune, composé avec les débris de l'appareil, comme, par exemple, le sac de couchage, fabriqué avec la mousse de l'intérieur des sièges récupérés, leurs seules chaussures de rugby (en fait, des chaussures de football) pour marcher et grimper, leur nourriture, calculée pour un périple de dix jours et constituée uniquement de morceaux de chair humaine, de la neige fondue comme boisson,... les deux hommes mirent dix jours pour rejoindre le Chili et trouver du secours. Dix jours d'escalade, de marches forcées, de descentes vertigineuses, de nuits glaciales, de moments de désespoir... bref, l'abnégation totale et un instinct de survie exceptionnel.

Cet exploit unique, une extraordinaire leçon de courage, tant sur le plan physique que mental, permit de récupérer les 14 autres équipiers de l'équipe et démontre que la force de caractère et la volonté de survie n'ont pas de véritables limites.

Fernando « Nando » Parrado est le seul survivant de l'équipe, après un refus de 30 ans, à avoir accepté de raconter le récit de cette catastrophe. Il vit aujourd'hui à Montevideo, avec sa femme Véronique et leurs deux filles. Il est également chef de plusieurs entreprises dont une société de production télévisuelle. Ancien pilote de voitures de course – il a notamment gagné une Coupe d'Europe en équipe de voitures de tourisme – il est toujours resté passionné par le sport automobile.

PELÉ

19 novembre 1969 : le stade de Maracanã, à Rio de Janeiro, retient son souffle. Un penalty vient d'être sifflé en faveur du FC Santos. Si Pelé le convertit, ce sera le 1000e but de sa carrière. Il s'élance. Goooooooooooaal ! Un délire indescriptible s'empare de la foule. Le match sera interrompu pendant 20 minutes avant de reprendre, le temps que Pelé effectue un tour d'honneur.

Celui que l'on a surnommé « le roi Pelé » vient de publier un ouvrage exclusif, intitulé « 1 283 » et tiré à 1 283 exemplaires, comme le nombre de buts qu'il a inscrit durant sa carrière. Il y révèle une anecdote intéressante : « Mon père m'a toujours dit que le seul record que je n'ai jamais battu, c'est le sien : il a inscrit cinq buts de la tête au cours d'un même match. »

Car des records, il en a collectionné à la pelle. Il est le seul footballeur à avoir été champion du monde à trois reprises avec la *Seleção* du Brésil : 1958, 1962 et 1970. Il a réussi un quadruplé à 30 reprises et un triplé à 92 reprises. Un jour de 1964, il inscrivit même 8 buts contre Botafogo. Certains de ces buts furent mémorables. Le 5 mars 1961, lors d'un match entre Fluminense et le FC Santos, il remonta le ballon sur 70 mètres en éliminant 7 joueurs. Ce but est, aujourd'hui encore, considéré comme le plus beau de l'histoire du Maracanã.

Pelé, de son nom complet Edson Arantes do Nascimento, est né le 23 octobre 1940 à Três Corações (« Trois Cœurs » en français) dans l'État du Minas Gerais. Son surnom proviendrait des difficultés qu'il éprouvait, gamin, à prononcer « Bilé », le nom du gardien de l'équipe où évoluait son papa qu'il accompagnait régulièrement aux entraînements. Quant à son prénom, il serait un hommage à Thomas Edison, lié à l'arrivée de l'électricité dans le village.

Pelé fut un joueur précoce. Il intégra l'équipe Première du FC Santos à 16 ans à peine et disputa son premier match avec la *Seleção* brésilienne le 7 juillet 1957, inscrivant d'emblée son premier but. En participant à la Coupe du monde 1958 en Suède, il devint le plus jeune participant à l'épreuve. Et forcément le plus jeune buteur (il marqua à 6 reprises) et le plus jeune lauréat (le Brésil battit la Suède 5-2 en finale). Les meilleurs clubs européens lui firent les yeux doux, mais le Congrès brésilien coupa court à toute négociation en le déclarant « Trésor national non exportable. »

En 1962, Pelé remporta sa deuxième Coupe du monde au Chili. La troisième, disputée en 1966 en Angleterre, tourna au cauchemar. Contre la Bulgarie, il fut agressé par Zhechev sous l'œil bienveillant de l'arbitre. Contre le Portugal, il subit des tacles de Morais. Il fut évacué en civière et la *Seleção* fut éliminée. Ce qui fit dire à Zhechev : « J'ai commencé le travail, Morais l'a achevé. »

L'apothéose, pour Pelé, vint lors de la Coupe du monde 1970 au Mexique. Contre la Tchécoslovaquie, il tenta un lob de 50 mètres sur le gardien Ivo Viktor et loupa le cadre pour quelques centimètres. Contre l'Angleterre, il réalisa une tête piquée que Gordon Banks détourna miraculeusement. Pelé déclara : « J'ai marqué un but, mais Banks l'a arrêté. » Le Brésil battit l'Italie 4-1 en finale. Commentaire du défenseur de la Squadra Azzurra, Tarcisio Burgnich : « Je pensais que Pelé était un être humain en chair et en os, comme moi. Je me suis trompé. »

Un an après ce titre, Pelé prit sa retraite internationale lors d'un match entre le Brésil et la Yougoslavie, au Maracanã. Fin 1974, à 34 ans, il prit congé du FC Santos où il joua 18 années. Quelques mois plus tard, il constata que ses affaires en dehors du football n'allaient pas trop bien et il décida de répondre à l'appel du New York Cosmos. Il participa à l'essor du *soccer* au pays de l'Oncle Sam. Le 1er octobre 1977, il raccrocha définitivement les chaussures à crampons au terme d'un match entre le New York Cosmos et le FC Santos, les deux clubs de sa carrière. Devant 75 000 spectateurs au Giants Stadium, il joua une mitemps avec chaque équipe.

Pelé est ambassadeur de l'ONU et de l'UNESCO, et fut brièvement ministre des Sports au Brésil de 1995 à 1998.

UNITED STATES
OLYMPIC TEAM
London 2012

PHELPS Michael

En 1972, aux Jeux olympiques de Munich, le phénomène américain Mark Spitz remportait sept médailles d'or, en natation. Le record absolu. Qu'on disait imbattable. Qui aurait donc pu penser que lors des Jeux de Pékin, en 2008, soit 36 ans plus tard, un autre prodige américain, dénommé Michael Phelps, allait porter ce nombre à huit et entrer dans la légende du sport. Celui que l'on surnomme « The Baltimore bullet » ou the « Flying fish » ne s'est pas contenté de cet extraordinaire exploit[1].

Il est notamment l'athlète le plus titré de l'histoire des Jeux avec 18 médailles d'or, étalées sur trois olympiades. Il détient aussi, avec 22 médailles, le record du plus grand nombre de celles-ci, tous sports olympiques confondus. Enfin, il a battu 36 records du monde et remporté le plus de titres de champion du monde, avec 26 victoires[2].

Ce palmarès sans équivalent lui a permis, sans surprise, d'être sacré, à sept reprises, meilleur nageur mondial de l'année.

Mais comment expliquer la réussite de ce nageur d'exception ? Plusieurs raisons peuvent être évoquées. En premier lieu, son intérêt pour la natation dès son plus jeune âge. Né à Towson, près du port de Baltimore, dans le Maryland, il a commencé à 7 ans à pratiquer ce sport, encouragé par ses deux sœurs, nageuses également. Cela lui permit, entre autres, de contrôler son hyperactivité. À dix ans déjà, il battit un record mondial dans sa catégorie d'âge et, à quinze ans, en 2000, il se qualifia pour les jeux olympiques de Sydney. Du jamais-vu, d'autant plus que, quelques mois plus tard, il devint le plus jeune détenteur

1. « Baltimore bullet » signifie la balle de Baltimore et « Flying fish » le poisson volant.

2. Phelps a battu le record de la gymnaste russe Larissa Latynina qui était de 18 victoires aux Jeux olympiques

d'un record du monde. Sa carrière était lancée. Autre raison, ses entraînements et sa formation. Depuis son adolescence et jusqu'aux Jeux de Londres, en 2012, Phelps n'a travaillé qu'avec un seul entraîneur : Bob Bowman, un diplômé en psychologie du développement, qu'il a rencontré en 1996, à onze ans. Bowman, aux méthodes d'entraînement terriblement exigeantes (comme nager une distance de 10 000 mètres sans s'arrêter) et élaborées, est comme un deuxième père pour lui. Car son véritable père avait quitté le foyer lorsqu'il n'était âgé que de 7 ans. Enfin, dernière explication, son anatomie particulièrement adaptée à la nage : torse long, jambes relativement courtes, de très longs bras et des grands pieds (taille 47), qui lui servent de palmes.

Après les Jeux de Londres, Phelps annonça qu'il mettait un terme à sa carrière de nageur mais, lors des récents Jeux de Barcelone (2013), il déclara qu'il pourrait peut-être revoir ses projets et éventuellement participer aux prochains Jeux de Rio, en 2016. Il aura alors 31 ans.

Si la pratique de la natation, sport exigeant s'il en est, n'a permis qu'à peu de nageurs de gagner beaucoup d'argent, les performances extraordinaires de Michael Phelps lui ont permis d'être sponsorisé par de nombreuses grandes marques comme Speedo, son équipementier, Visa, Omega et bien d'autres encore. Seule ombre au tableau quand la grande firme Kellogg's décida de mettre fin à leur collaboration, au début de l'année 2009. La presse américaine avait, en effet, publié une photo montrant le nageur avec une pipe à cannabis, lors d'une fête estudiantine. Ce n'était pas vraiment un acte de dopage mais l'entreprise estima que cela avait fortement nui à son image. Cela perturba fortement le grand Michael, véritablement adulé par les jeunes, qui envisagea même d'arrêter. Aujourd'hui, multimillionnaire, Phelps n'a toutefois pas de souci à se faire pour son avenir mais sa situation plus qu'aisée n'est que méritée compte tenu des énormes efforts et des sacrifices qu'il consentit depuis sa plus tendre enfance.

PLATINI Michel

S'il doit avant tout sa renommée au fait qu'il a été un grand joueur de football, Michel Platini est aussi l'exemple de la réussite la plus complète pour un ancien footballeur. Car après sa carrière extrêmement riche en exploits et en trophées, il a fait son chemin comme entraîneur au plus haut niveau (l'équipe de France) et enfin comme dirigeant international, où il n'a plus qu'une marche à franchir pour être au sommet mondial.

Il est né à Joeuf, en Meurthe-et-Moselle, fils et petit-fils d'Italiens ayant choisi la Lorraine française pour s'y construire une vie nouvelle. Son père, Aldo, fut un bon joueur amateur qui n'osa jamais tenter l'aventure du professionnalisme. Il préféra la sécurité en tant que professeur de mathématiques. Sa mère, Anna Piccinelli, aidait ses parents dans le café familial de Joeuf, rendez-vous des Italiens de la petite ville. Papa Aldo lui apprit tout jeune deux fondamentaux du football : penser avant de passer le ballon, pour bien choisir à qui le transmettre et déjà... la meilleure manière de botter des coups francs directs, ce qui allait, entre autres qualités, faire son bonheur plus tard. Le FC Metz fut informé très tôt de ses talents et il se prêta à des tests médicaux qui révélèrent, selon le club, qu'il manquait de souffle. Refusé à l'examen. Il a trouvé alors refuge à l'AS Nacy-Lorraine, où il joua durant sept ans, de 1972 à 1979. Avec une première sélection en équipe nationale, en 1975. Tournant dans sa carrière, en 1978, dans une rencontre de préparation à la Coupe du monde argentine. Platini fut éblouissant en équipe de France contre l'Italie, à Naples, et cela devant un parterre de recruteurs venus des plus grands clubs d'Europe. Pourtant, c'est à Saint-Étienne qu'il décida d'être transféré, un club moyen du championnat français, mais qu'il allait aider à se propulser sur l'échiquier européen, avec la fameuse équipe des « Verts ». À l'été '82, il fut transféré à la Juventus de Turin, où il a joué jusqu'en 1987. Ses meilleures années, avec une succession de performances, de récitals, de conquêtes de trophées. Michel marquait plein de buts et en faisait marquer tout autant à ses partenaires. La presse italienne, généralement fort critique vis-à-vis de ses joueurs, le qualifia d'« extraterrestre ». À la Juve, il conquit trois fois le titre de meilleur buteur du Calcio et remporta à deux reprises la Coupe d'Europe des Champions. Il a connu le drame du Heysel (39 morts) en 1985 et il a disputé sa dernière Coupe du monde au Mexique, en 1986, mais pas dans les meilleures conditions, car il y joua sous infiltrations, pour calmer une pubalgie.

L'année suivante, il reprenait du service, mais cette fois comme entraîneur et pas à un niveau modeste pour des débuts, puisqu'on ne lui confiait rien de moins que l'équipe de France ! Il dirigea les « bleus » durant 29 matches, avec 16 victoires, 8 nuls et 5 défaites à la clé. Un bilan honorable.

Après le métier d'entraîneur, ce fut l'intérêt pour les sphères dirigeantes. Platini fut le coorganisateur de la Coupe du monde 1998, jouée en France, avec le président Sastre. Puis il est devenu conseiller du président de la FIFA, le Suisse Blatter et enfin président de l'UEFA, soit la personnalité principale du football européen, en 2007. Prochain objectif : la présidence mondiale? Il ne décidera à ce propos qu'en 2014, après la Coupe du monde au Brésil... Son travail à l'UEFA est apprécié, en tout cas. Voici ce que l'on en dit en « haut-lieu » : « Platini a ouvert l'UEFA, auparavant repliée sur elle-même. »

Les amateurs de football n'ont pas oublié l'éventail de ses qualités. Il fut un numéro 10 de légende, comme Pelé et Maradona, très polyvalent. Il était à la fois le chef d'orchestre, le meilleur buteur, le meilleur tireur de coups francs. Il « lisait » le jeu une fraction de seconde avant les autres. Et il jouait visiblement avec une certaine facilité. Ses coups francs ont fait sa gloire, par leur courbe diabolique, toujours vers la lucarne du portier adverse et si souvent avec de la réussite.

Michel Platini a été 72 fois international pour la France, pour laquelle il a inscrit 41 buts, à dix unités de Thierry Henry. En 655 matches de haut niveau, il a marqué 354 buts, entre 1972 et 1987. Il est resté un bon vivant, un charmeur, un dirigeant qui fait le gros dos si l'on évoque quelque scandale ou accusation...

PUSKÁS Ferenc

Juin 1954. La Coupe du monde se dispute en Suisse et les Hongrois, au sommet de leur art, font figure de grands favoris. Sept mois plus tôt, le 25 novembre 1953, ils avaient atomisé l'Angleterre à Wembley : 3-6, avec deux buts de Ferenc Puskás. Et le début du Mondial confirma cette tendance. La Hongrie domina la première phase, en battant notamment la République fédérale d'Allemagne sur le score de 8-3. Mais en finale, les Hongrois retrouvèrent ces mêmes Allemands sur leur route et furent battus 2-3, avec un Puskás à peine rétabli de blessure.

Cette défaite inattendue fut accueillie en Hongrie comme un drame national. L'équipe n'avait perdu qu'un seul match en six ans, mais ce match, c'était la finale de la Coupe du monde.

Deux ans plus tard, le 4 novembre 1956, les chars russes entrèrent dans Budapest pour mater l'insurrection hongroise. Malgré les événements, le club du Honved – où évoluait Puskás – décida de partir en tournée en Europe. Le nouveau gouvernement exigea que les joueurs rentrent au pays, mais Puskás choisit de rester en Occident. Il avait appris que sa femme et sa fille avaient pris la fuite pour rallier Vienne clandestinement, et il les y rejoignit.

À la demande de la Fédération hongroise, Puskás fut suspendu 18 mois par la FIFA. Il survécut dans un camp de réfugiés en Autriche avec, pour seule ressource, des mandats envoyés par son ancien coéquipier László Kubala, qui jouait à Barcelone depuis 1951. Puskás sombra dans l'alcool et grossit d'une vingtaine de kilos, ce qui lui valut le surnom de « Major galopant ». Un homme lui tendit une perche : Emil Osterreicher, un ancien entraîneur du Honved devenu directeur technique du Real Madrid. Il l'engagea dans le grand club espagnol.

Dans un premier temps, Puskás fut accueilli avec scepticisme par les supporters du Real. Mais il s'entraîna durement pour retrouver une silhouette acceptable. Rapidement, il se fit une place dans l'équipe aux côtés d'Alfredo Di Stéfano, Raymond Kopa et autres Gento. Il devint le chouchou du public.

Puskás ne put toutefois pas participer à la finale de la Coupe d'Europe des Clubs champions disputée en 1959 à Stuttgart, contre le Stade de Reims : le gouvernement allemand refusa de lui délivrer un visa, en raison des allusions au dopage qu'il avait émises pour expliquer la victoire de la Mannschaft à Berne.

Un an plus tard, Puskás était bien présent à Glasgow pour la finale 1960 contre l'Eintracht Francfort. Il réalisa l'un des matches les plus aboutis de sa carrière, inscrivant quatre buts. Di Stéfano en ajouta trois autres et le Real remporta sa cinquième Coupe d'Europe consécutive sur un score record : 7-3.

Cinq fois champion d'Espagne et quatre fois meilleur buteur de la Liga, Puskás marqua les esprits dans la Péninsule. Il ne parvint toutefois pas à briller de la même manière en sélection espagnole qu'avec son club. À cette époque, on pouvait encore faire carrière avec deux équipes nationales différentes. Naturalisé dans son pays d'accueil en 1961, il disputa quatre rencontres avec la Roja à la Coupe du monde 1962 au Chili, mais trois se soldèrent par un échec.

Puskás mit fin à sa carrière de joueur en 1965 afin d'entamer une carrière d'entraîneur. Il ne réussit qu'un seul coup d'éclat : amener le Panathinaikos en finale de la Coupe d'Europe des Clubs champions, en 1971 contre l'Ajax Amsterdam à Wembley, où il fut battu 0-2. La légende raconte qu'à son arrivée en Grèce en 1970, Puskás demanda d'inclure une prime en cas d'accession à cette finale. La probabilité était tellement mince que les dirigeants se montrèrent particulièrement généreux. Mais à part cela, la carrière d'entraîneur de Puskás ne décolla jamais vraiment. Ses différents contrats en Espagne, au Chili, en Arabie saoudite, en Grèce, en Égypte, au Paraguay et en Australie lui permirent de voir du pays mais pas d'étoffer son palmarès.

En 1993, il fut appelé au chevet d'une sélection hongroise tombée au plus bas. Il la dirigea durant quatre matches, dont trois défaites.

Atteint par la maladie d'Alzheimer, Puskás décéda le 17 novembre 2006 à Budapest, à l'âge de 79 ans. Une journée de deuil national fut décrétée en Hongrie le jour de ses funérailles. Et en 2001, le Nepstadion de Budapest fut rebaptisé Stade Ferenc Puskás.

ROBERT Alain

Le grimpeur français Alain Robert n'a sans aucun doute pas d'équivalent dans le monde de l'escalade urbaine. Et qui plus est en solo intégral. C'est-à-dire qu'il essaie d'atteindre le toit ou le dôme de toute une série de constructions – monuments comme gratte-ciel – seul, à mains nues et sans assurance. Ce qui lui a d'ailleurs valu près de 80 arrestations pour autant d'escalades illégales. En Australie, par exemple, il serait interdit de séjour pour au moins une dizaine d'années. Mais dans des pays comme la Malaisie, la Chine ou Hong Kong, il est repéré dès son arrivée à l'aéroport. Le temps d'informer les responsables de gratte-ciel de sa présence. Surnommé « The French Spider-Man » (le Spiderman français), Alain Robert n'est toutefois ni inconscient ni fou. Il est tout simplement un hyper passionné de l'escalade, qui manifeste un goût immodéré pour la prise de risque et va au-devant du danger, même s'il avoue humblement ressentir la peur mais en évitant d'y penser.

Né le 7 août, à Digoin, en Saône-et-Loire, Alain Robert a cependant passé toute son enfance à Valence, dans la Drôme. C'est là qu'il a commencé à se faire la main et sa réputation en falaises, à l'âge de 13 ans à peine. Et des falaises, que ce soit dans les Gorges du Verdon, d'Omblèze ou de Molasse, il en a grimpées. Et pourtant, en 1982, à 20 ans, ce fut le drame : il fit une chute de près de 15 mètres, tête en avant, lors d'une descente en rappel. Il resta six jours dans le coma, avec des fractures au crâne, au nez, aux poignets, au coude, au bassin et aux talons. Pas moins que cela ! Le pronostic du corps médical fut sans appel, il ne pourra plus jamais grimper. La sécurité sociale le considère d'ailleurs comme invalide à 66%. Et pourtant, un an plus tard, il atteignit le plus haut niveau dans sa discipline, un 8B[1].

1. En France, la cotation des niveaux en escalade, va de 3 à 9 avec des divisions en lettres de A à C (exemple : 8A, 8B et 8C)

Alain Robert a toutefois gardé des séquelles à la suite de cette chute dont un vertige chronique dû à un problème à l'oreille gauche.

C'est en 1994 qu'il eut l'opportunité de passer de la falaise à des gratte-ciel, lorsqu'un fabricant de montres suisses, qui avait basé sa communication sur les sports extrêmes, souhaitait voir quelqu'un grimper, pour le filmer, mais en dehors de l'escalade traditionnelle.

Cette société lui paya alors un voyage pour les États-Unis afin de repérer des gratte-ciel.

Depuis lors, son tableau de chasse en la matière s'est bien garni. Alain Robert a escaladé des buildings aux quatre coins du monde. En Europe, en Amérique du Nord, en Australie, en Afrique, en Asie et au Moyen-Orient. Il aurait grimpé à ce jour près de 130 édifices.

Citons ses plus grandes performances :

- La tour Eiffel, à Paris, en 1996/97 (300,65 mètres)
- La tour Montparnasse, à Paris, en 1995 et 2004 (209 mètres)
- La tour First, à Paris, en 2012 (231 mètres)
- Le Canary Wharf Tower, à Londres, en 1995 et 2002 (237 mètres)
- La tour de la Fédération, à Moscou, en 2007 (242 mètres)
- Le Sapphire of Istanbul, à Istanbul, en 2011 (261 mètres)
- L'Empire State Building, à New York, en 1994 (381 mètres)
- Le Golden Gate Bridge, à San Francisco, en 1996 (227,40 mètres)

- La Willis Tower, à Chicago, en 1999 (443 mètres)

- La Sydney Tower, à Sidney, en 1997 (305 mètres)

- Le Two International Finance Centre, à Hong Kong, en 1996 (415 mètres)

- Le Taipei 101, à Taipei, en 2004 (508 mètres)

- Les Petronas Twin Towers, à Kuala Lumpur, en 2007 et 2009 (452 mètres)

- La tour Jin Mao, à Shangai, en 2007 (420 mètres)

- La tour Fortaleza, à Zengzhou, en 2012 (268 mètres)

- The Torch, à Doha, en 2012 (300 mètres en 75 minutes)

- Le Burj Khalifa, à Dubaï, la plus haute tour au monde, en 2011. Ce gratte-ciel de 828 mètres a été escaladé avec assurance à la demande de l'organisateur et des propriétaires. À cette occasion, Alain Robert a gravi les 160 étages en six heures.

Alain Robert a déclaré, en 2012, sur le site lemauricien.com, qu'il reconnaissait aimer le décalage entre les escalades dangereuses, les grands hôtels, les prisons, la police et les réceptions avec les présidents et les ministres. Dernière précision, il est le père de trois enfants et anime de nombreuses conférences pour des entreprises sur le thème de la motivation.

RONALDO Cristiano

Fin 2013, lors d'une conférence de presse devant les étudiants de l'Université d'Oxford, Sepp Blatter a dérapé. Il a maladroitement révélé qu'il préférait Lionel Messi à Cristiano Ronaldo. Cela pourrait passer pour une déclaration anodine si elle n'émanait pas du président de la FIFA en personne et si elle n'était pas révélatrice de la rivalité qui oppose l'Argentin au Portugais depuis que ce dernier a rejoint le Real Madrid en 2009, pour 94 millions d'euros. Les icônes des deux clubs géants de la Liga sont considérés comme les deux meilleurs footballeurs évoluant actuellement en Europe et ils se disputent chaque année le Ballon d'or. Cristiano Ronaldo l'a remporté deux fois : en 2008, lorsqu'il portait encore les couleurs de Manchester United et en 2013 avec le Real de Madrid. Mais il n'a pas dit son dernier mot : il n'a encore que 28 ans et il a frappé fort en inscrivant les quatre buts des barrages qui propulsèrent le Portugal à la Coupe du Monde 2014 au détriment de la Suède de Zlatan Ibrahimović (1-0 à Lisbonne et 2-3 à Stockholm).

Cristiano Ronaldo dos Santos Aveiro, surnommé CR7 à Manchester United et CR9 au Real Madrid (ses initiales et son numéro de maillot qui sont désormais aussi ses marques commerciales), est né le 5 février 1985 à Funchal, sur l'île de Madère. C'était une naissance prématurée, mais le bébé se porta bien. Son prénom Cristiano fut choisi par sa tante, et son second prénom, Ronaldo, par ses parents car leur acteur préféré (et ex-président des USA) était Ronald Reagan.

Issu d'une famille pauvre de quatre enfants, le petit Cristiano passa la plupart de son temps à jouer au football dans son quartier de Santo António. En 1995, il intégra le centre de formation du Sporting Clube de Portugal, à Lisbonne. Il signa son premier contrat professionnel en 2002. À 16 ans, alors qu'il venait d'être opéré du cœur pour un problème cardiaque, l'entraîneur László Bölöni le fit jouer quelques matches amicaux avec les pros. Il débuta en D1 par un doublé contre Moreirense. « Le bon Dieu lui a tout donné », déclara Bölöni. Liverpool le repéra, mais le trouva trop jeune. Lyon le repéra également, mais refusa de l'échanger contre Tony Vairelles. Son agent Jorge Mendes le présenta au FC Barcelone, qui l'estima trop cher. Le 6 août 2003, lors de l'inauguration du nouveau stade du Sporting, le stade José Alvalade XXI, son équipe affronta Manchester United et gagna 3-1. Cristiano joua un match remarquable qui fit basculer sa carrière. Les Red Devils le transférèrent pour 18 millions d'euros, Il demanda à porter le numéro 28, comme au Sporting, mais Sir Alex Ferguson lui attribua le n° 7, un numéro légendaire dans le club car il fut porté par Bobby Charlton, George Best, Eric Cantona et David Beckham.

En janvier 2008, il prolongea son contrat à Manchester United jusqu'en juin 2012, mettant fin – provisoirement – aux spéculations concernant un éventuel transfert au Real Madrid qui était prêt à débourser 90 millions d'euros. Ce fut sa meilleure saison en Premier League : il réalisa le doublé Championnat-Ligue des Champions (avec en prime le titre de meilleur buteur dans les deux compétitions), ce qui lui valut le Ballon d'or en décembre.

Le 26 juin 2009, le fameux transfert vers le Real Madrid se concrétisa malgré tout, pour la somme record de 94 millions d'euros. Après une saison d'adaptation, le Portugais battit de nombreux records dans la Liga. En 2010-2011, il en fut le meilleur buteur avec un total record de 40 buts, mais ne fut pas champion. La saison suivante, en revanche, il fut champion avec un nombre record de 100 points, mais tout en améliorant sa productivité de la saison précédente, il perdit son titre de meilleur buteur au profit de Lionel Messi (50 buts). Cristiano devint toutefois le premier joueur de la Liga à marquer contre les 19 équipes du championnat. Avec une clause libératoire d'un milliard d'euros, il est aujourd'hui le joueur le plus cher de la planète.

Fin avril 2013, il est devenu le 100 000e socio de son club de cœur, le Sporting Clube de Portugal.

RONALDO

12 juillet 1998. Une heure avant le coup d'envoi de la finale de la Coupe du monde, c'est la stupeur dans la tribune de presse du Stade de France. La première feuille de match distribuée renseigne Ronaldo sur le banc des remplaçants. Une demi-heure plus tard, une deuxième feuille de match est distribuée, avec cette fois Ronaldo comme titulaire. Une rumeur circule : la star brésilienne serait allée passer des examens à l'hôpital. La rumeur se révèlera fondée. Ronaldo disputera la finale, mais diminué physiquement, il ne brillera pas. Le lendemain, le mystère s'épaissit un peu plus : le médecin de la *Seleção* révèle que Ronaldo aurait été pris de convulsions. Une polémique surgit, faisant état d'une pression qu'aurait exercée l'équipementier Nike pour que sa star soit alignée coûte que coûte.

L'issue de la Coupe du monde aurait-elle été différente sans cette péripétie ? On ne le saura jamais. Toujours est-il qu'elle résume la carrière de Ronaldo : celle d'un joueur hyperdoué mais victime de blessures à répétition.

Ronaldo le Brésilien, à ne pas confondre avec son homonyme portugais Cristiano Ronaldo, devrait son prénom au médecin qui a assisté la maman lors de l'accouchement. Longtemps, il fut appelé « Dadado », car son frère aîné trouvait Ronaldo trop compliqué à prononcer.

L'Europe le découvrit au PSV Eindhoven, où il débarqua en 1994 à l'âge de 17 ans : acheté au Cruzeiro pour 6 millions de dollars. Il revenait d'une Coupe du monde aux États-Unis que le Brésil avait remportée, mais où il n'avait pas joué une seule minute. Les Pays-Bas constituèrent une belle rampe de lancement : après deux saisons, au cours desquelles les premiers problèmes au genou apparurent, il fut transféré au FC Barcelone pour l'équivalent de 18 millions d'euros.

Il n'y joua qu'un an, assez toutefois pour devenir, en 1997, le plus jeune lauréat du Ballon d'or depuis sa création en 1956 et le premier Brésilien à l'obtenir.

Ronaldo signa pour 5 ans à l'Inter Milan : un transfert estimé à 30 millions d'euros. D'aucuns doutèrent de sa capacité à réussir dans un Calcio où les espaces sont plus rares et les défenseurs plus rigoureux qu'en Liga espagnole, mais il confondit rapidement tous ses détracteurs. Au point qu'à l'issue d'un match de Coupe d'Italie face à Plaisance où il réussit un triplé, les journalistes transalpins le surnommèrent Il Fenomeno, le phénomène. Mais, dans la foulée du Mondial 1998, Ronaldo connut une série de blessures qui firent douter de sa capacité à retrouver son meilleur niveau. Entre juillet 1998 et avril 2002, il ne disputa qu'une cinquantaine de matches sur un total potentiel de 250.

En 2002, il retrouva malgré tout la *Seleção* à l'occasion de la Coupe du Monde. Il en fut le meilleur buteur avec huit réalisations, dont deux en finale contre l'Allemagne (2-0), sacrant le Brésil pour la cinquième fois.

Assez pour convaincre Florentino Pérez de débourser 42 millions d'euros pour l'attirer au Real Madrid. Le président madrilène avait adopté comme politique l'engagement d'une star internationale chaque année afin d'accroître les ventes des produits dérivés. Ronaldo fut le troisième « Galactique », après Luís Figo en 2000 et Zinédine Zidane en 2001. En décembre 2002, il remporta un second Ballon d'or.

En janvier 2007, après quatre ans et demi au stade Santiago Bernabeu, il fut transféré au Milan AC pour 7,5 millions d'euros, et devint l'un des rares joueurs à avoir porté à la fois le maillot du FC Barcelone, du Real Madrid et des deux clubs milanais. Mais il fut rattrapé par les blessures et se retrouva sans contrat en juillet 2008. Il termina finalement sa carrière aux Corinthians de São Paulo. Malgré un excédent de poids, il déclara sa volonté de disputer la Coupe du monde 2010 en Afrique du Sud. Non retenu, il annonça sa retraite le 14 février 2011.

Avec 62 buts en 98 sélections, il est le deuxième meilleur buteur de la *Seleção* derrière Pelé. Il est aussi le meilleur buteur en Coupe du monde avec 15 réalisations. En club, il a remporté la Coupe des Vainqueurs de coupes et la Coupe de l'UEFA, mais jamais la Ligue des Champions.

SAMPRAS Pete

Troisième fils d'un couple d'émigrés grecs, Petros « Peter » Sampras est né à Washington DC en 1971. Pris en mains très jeunes par un autre Peter, Fischer, un pédiatre passionné de tennis, il est passé pro à l'âge de 17 ans déjà. Extrêmement doué, il s'imposait à 20 ans dans son premier Grand Chelem, l'US Open, contre celui qui allait être durant la plus grande partie de sa carrière son grand rival, parfois même sa bête noire, le fils d'émigrés iraniens André Agassi. De 1993 à 2000, Sampras allait terminer six saisons d'affilée ('93-'98) comme numéro 1 mondial, remportant 14 tournois de Grand Chelem. On l'enregistra durant 286 semaines – c'est ainsi que l'on compte en tennis – à la première place du classement ATP. Lorsqu'il se retira du circuit, en 2002, après une ultime victoire contre Agassi à l'US Open de New York, il affichait au compteur 64 titres en simples, dont aussi 5 aux Masters, qui couronnent traditionnellement l'année tennistique. À son actif en Grand Chelem : 7 Wimbledon, 5 US Open et 2 Australian Open. Échec sur toute la ligne à Roland-Garros, une surface qu'il n'a jamais aimée.

Joueur très complet, on lui relevait tout de même quelques points forts : un jeu très puissant en fond de court, un smash fulgurant et précis qui lui valut d'ailleurs le surnom de « Pistol Pete », une capacité de réussir les meilleurs coups aux moments décisifs, une placidité, une maîtrise nerveuse plus grande encore que celle affichée par Björn Borg, un premier service-canon et, s'il ne passait pas, une deuxième balle tout aussi dangereuse, car il parvenait à viser juste à 175 km/heure... Tout un éventail de qualités et d'atouts peaufinés par l'entraîneur qui avait succédé, très tôt, à Fischer, son compatriote l'ancien joueur Tom Gulikson.

Les relations entre Sampras et Agassi furent souvent houleuses, les deux « coqs » revendiquant le titre suprême dans le monde. Régulièrement demi-finalistes ou finalistes dans les tournois, ils se retrouvèrent à 34 reprises face-à-face, leurs duels appelant parfois les journalistes à titrer avec emphase « caviar contre champagne ». Vingt fois, Pete prit le meilleur sur le tennisman de Las Vegas. Mais celui-ci ne fut pas le seul adversaire important de Sampras : Jim Courier, le rouquin sympa, s'imposa lui aussi assez fréquemment dans leurs rencontres et la carrière de Pete ne fut donc pas un long fleuve tranquille. Écoutons à ce propos l'intéressé : « Pendant longtemps, les gens ont pensé que je gagnais sans problème. C'est faux. Ce n'est pas facile, année après année, de remporter des Grands Chelems et d'être n° 1 ».

Pete Sampras n'a jamais été un joueur médiatique. Brillant, oui, sur le court en tout cas. Courageux en diable aussi dans les moments difficiles. On se souvient de son quatrième US Open victorieux. En quarts, il affrontait l'Espagnol Corretja. Deux sets partout et jeu décisif au 5e set. À 1 point partout, Pete n'en pouvait plus, malade de l'estomac depuis le début du match. Il se cacha comme il pouvait dans un coin du court pour vomir, à deux reprises. Mais il ne lâcha pas prise, mena 8-7 et remporta quand même la rencontre, car Corretja commit une double faute et perdit 9-7 ce tie-break. Les journalistes le harcelèrent à la salle de presse, voulant tout savoir sur son malaise, sa volonté de poursuivre et de vaincre. Peu ou prou de réaction : « Je laisse parler ma raquette. Moi, j'essaye juste de gagner des matches ». Rarement enclin à faire des confidences, réticent, hésitant à l'interview, Sampras n'était pas un « cadeau » pour les reporters. Dans son langage direct habituel, John McEnroe, commentateur pour la TV américaine et accessoirement pour la BBC, le qualifiait d'« ennuyeux » *(rather boring)*. Bon, l'essentiel, c'est qu'il jouait fort bien, un journaliste le décrivant même comme le « premier joueur représentant le tennis total, comme Cruyff avait représenté le football total avec l'équipe de Hollande ».

Retraité du circuit fin août 2003, la veille de l'ouverture de l'US Open, il ne reprendra vraiment le chemin des courts qu'en 2007, pour des exhibitions. Il déclarait à cet effet : « Quand vous prenez votre retraite, vous désirez rester aussi loin que possible du jeu pendant quelques années. » Ce qu'il fit donc.

Aujourd'hui, il profite de l'aisance que lui a donnée son sport, entouré de sa femme, l'actrice Brigitte Wilson, et de ses deux fils. Il joue au golf avec un certain talent et consacre pas mal de temps à trois fondations humanitaires.

SCHUMACHER Michael

Si Fangio et Senna figurent parmi les trois pilotes de Formule 1 qui font partie de l'histoire, Schumacher est celui qui affiche le plus beau bilan. Car l'Argentin n'eut pas l'occasion de courir aussi souvent que l'Allemand et le Brésilien est décédé en pleine gloire. Quel palmarès que celui de « Schumi » : 7 titres de champion du monde, 91 victoires, 68 « pole positions » en 307 Grands Prix et 155 podiums.

Né en 1969 près de Cologne, il gagne sa première petite course en karting, sur un engin construit par son père, qui est maçon et mécano à ses heures. Il est aidé financièrement par un ami de la famille qui lui permettra de faire d'excellentes choses en karting, avec un titre de champion d'Europe à la clé. En 1991, il remplace au pied levé Bertrand Gachot à Francorchamps, son premier Grand Prix. Il quitte Jordan pour Benetton-Ford et y devient déjà deux fois champion du monde. En 1996, il rejoint la grande écurie Ferrari, qu'il relance après une longue période de vaches maigres. Sur sa Maranello, Michael va dominer la meute, remportant 72 de ses 91 victoires dans les épreuves comptant pour le championnat du monde. De 2000 à 2004, il sera sacré cinq fois consécutivement champion du monde. Ce qui dit tout. En 2002, il s'impose dans 11 Grands Prix. Il en gagne 13 sur 18 en 2004, record du genre !

Il arrête une première fois la course en 2006, mais reste dans le milieu, comme essayeur et consultant. Il se consacre davantage à sa femme, sa fille et son fils Mick... qui s'adonne lui aussi au karting.

Mais la compétition lui manque et il y revient en 2010, répondant à une demande de Mercedes. Une aventure faite de hauts et de bas, qui ne lui vaudra plus une seule victoire en trois saisons. Pas digne d'un champion comme lui. Et Michael quitte définitivement le grand cirque d'Ecclestone, comme pilote en tout cas, en octobre 2012, au terme d'un G.P. du Brésil. Il a 43 ans.

Malgré son talent et ses nombreux succès, Schumacher n'a pas toujours fait l'unanimité dans le milieu. On lui a reproché des incidents de course, des accrochages plus ou moins dangereux, des conflits avec d'autres pilotes, dont Coulthard. On se souvient aussi que son coéquipier le Brésilien Barrichello a dû à deux reprises « freiner » pour lui permettre une première fois de gagner la course, une autre fois de terminer deuxième et prendre ainsi des points précieux dans la lutte pour le titre mondial. Bah ! Il y aura toujours des polémiques sur les circuits de F1. À 300 à l'heure, la moindre gaffe peut provoquer un drame.

Pilote extrêmement professionnel, méticuleux, très doué, Michael Schumacher affirmait aussi un self-control impressionnant. À un journaliste qui lui demandait où il allait chercher cette adrénaline qui lui permettait de tellement gagner, il répondait, étonné : « Adrénaline? C'est marrant que l'on dise qu'il en faut pour conduire. En fait, si vous aviez une poussée d'adrénaline, vous auriez des problèmes. Plus vous êtes calme dans ce bolide, mieux cela vaut. C'est aussi valable pour le pilotage moto. »

Déjà richement payé durant sa carrière, Michael l'est tout autant depuis sa retraite de la course. Le « baron rouge », comme on l'a surnommé par référence au baron von Richthofen qui fut un as de l'aviation allemande durant la Première Guerre mondiale, et dans un avion rouge comme une Ferrari, ce « baron bis » est l'un des sportifs les mieux rémunérés de la planète. On s'arrache sa personne comme au bon vieux temps, dans les domaines les plus divers, généralement de la finance et des articles de luxe. Il vit à Gland, en Suisse, dans une demeure de quatre étages et de 2200 m^2 de surface, avec une salle de cinéma pour 30 personnes. Il a opté comme d'autres sportifs (Forget, Loeb, Alonso) pour le canton de Vaud, où l'administration propose aux étrangers un forfait fiscal, une loi qui date de 1862, qui arrange fort bien les grosses fortunes. La sienne est estimée en 2013 à 700 millions d'euros... Ce qui ne l'empêche pas de circuler de temps à autre dans une des nombreuses Fiat 500 de sa collection.

Il faut souligner aussi que Michael s'investit dans des actions humanitaires et fait des dons très élevés aux nécessiteux. Il en a certes les moyens, mais il le fait!

Et puis survint l'accident de ski terrible (à 20 km/h) à Méribel...

SCOTT Dave et ALLEN Mark

Le triathlon est sans doute le sport le plus exigeant qui soit. Cette discipline consiste à enchaîner trois épreuves : la natation, le cyclisme et la course à pied, en parcourant des distances qui varient selon les compétitions. L'Ironman (en français : « l'homme de fer ») est la version la plus longue. L'Ironman d'Hawaii, organisé depuis 1978, est considéré comme le championnat du monde de la distance. Les concurrents doivent traverser à la nage la baie de Kailua-Kona (3,8 kilomètres), effectuer à vélo l'aller-retour entre Keauhou et Hawi (180 kilomètres) et enfin courir un marathon le long de la côte de Big Island (42,195 kilomètres). Des pages de légende y ont été écrites.

Deux hommes détiennent le record de victoires, avec six succès chacun : Dave Scott, surnommé « The Man » ou « Iron » (1980, 1982, 1983, 1984, 1986 et 1987), et Mark Allen, surnommé « The Grip » (1989, 1990, 1991, 1992, 1993 et 1995).

Allen, né en 1958, est un diplômé de l'Université de Californie à San Diego. Il est devenu en 1995 le lauréat le plus âgé de l'épreuve. Il avait alors 37 ans. Scott, né en 1954, suivait un régime végétarien. Il a encore participé à l'Ironman d'Hawaii en 1994, à l'âge de 40 ans, en finissant second, puis en 1996, à l'âge de 42 ans, en finissant cinquième. Il courait le marathon en 2 h 45 min.

À noter que deux Belges ont remporté l'Ironman d'Hawaii : Luc Van Lierde en 1999 et Frédéric Van Lierde en 2013. Ces deux homonymes n'ont aucun lien de parenté, mais le plus cocasse est que Luc est aujourd'hui l'entraîneur de Frédéric.

Chez les dames, c'est Paula Newton-Fraser qui détient le record de victoires à l'Ironman d'Hawaii. Elle a remporté l'épreuve à huit reprises. Bien qu'habitant San Diego, en Californie, elle est originaire du Zimbabwe. Son finish à l'Ironman 1988 a été qualifié de « plus grande performance d'endurance dans l'histoire du sport ».

L'Ironman d'Hawaii est régi par la WTC (World Triathlon Corporation). D'autres compétitions utilisent également les distances de l'Ironman sans pouvoir en exploiter le nom. L'Allemand Andreas Raelert a réalisé la meilleure performance mondiale sur la distance Ironman (7 h 41 min 33 sec) lors d'un triathlon organisé en 2011 à Roth, en Allemagne. Chez les femmes, le record de vitesse a été établi lors de ce même triathlon de Roth en 2011, par la Britannique Chrissie Wellington qui a couru en 8 h 18 min 13 sec.

En France, on disputait au début du XXe siècle ce qui peut être considéré comme l'ancêtre du triathlon : l'épreuve des « trois sports », organisée sur les bords de la Marne, à Joinville-le-Pont, où la natation était souvent remplacée par du canotage. En 1934, la compétition a été déplacée à La Rochelle. Il s'agissait de traverser le chenal à la nage (soit environ 200 mètres), de parcourir dix kilomètres à bicyclette (du port de la Rochelle au parc de Laleu), et enfin d'avaler trois tours de piste en courant (soit 1 200 mètres) sur le stade André-Barbeau.

Il faudra attendre 1974 pour voir réapparaître aux États-Unis le premier triathlon moderne, à Fiesta Island près de San Diego en Californie (450 mètres à la nage, 8 kilomètres à vélo et 8 kilomètres à pied). Mais le *big bang* du triathlon s'est produit à Hawaii en 1977. Dans le bar « Le Primo » à Honolulu, John Collins, capitaine de vaisseau vétéran de l'US Navy, lança un défi aux cadets de la Marine. Il leur proposa d'enchaîner trois épreuves parmi les plus dures d'Hawaii : la Waikiki Rough Water Swim (3,8 kilomètres de natation), l'Around Oahu Bike Race (180 kilomètres de vélo) et le Marathon d'Honolulu

(42,195 km de course à pied). Le 18 février 1978, 15 candidats s'élancèrent dans cette folle aventure et 12 la terminèrent. Le premier à franchir la ligne d'arrivée fut Gordon Haller en 11 h 46 min 58 sec. Aujourd'hui, on note jusqu'à 1 500 participants.

Le triathlon est devenu un sport olympique lors des Jeux de Sydney en 2000, mais c'est la version courte (1 500 mètres de natation, 40 kilomètres à vélo et 10 kilomètres de course à pied) qui a été retenue.

Rothmans
RACING
Rothmans
DIVELLA
Rothmans
RACING
othmans
RENAULT
elf
Rothmans
othmans
SONA
CAR CARE

SENNA Ayrton

1er mai 1994, circuit automobile d'Imola; Grand Prix de Formule 1 de San Marin. À 14h18, la monoplace du triple champion du monde Ayrton Senna continue tout droit dans le virage de Tamburello. Le Brésilien décédera dans les heures suivantes, touché notamment à la tête dans un choc contre le béton qui s'est produit à 210 km/h. Depuis lors, aucun pilote F1 n'a plus trouvé la mort dans un Grand Prix.

On a enfin rendu les circuits moins dangereux et sans doute aussi les voitures plus fiables. Ayrton Senna est un héros, un mythe du sport auto. Il avait conquis tous les passionnés de Formule 1 par son talent. En plus, il était beau garçon, séduisant, affable, disponible pour les journalistes, les photographes, les cameramen. Tout pour plaire. Le destin...

Né à São Paulo en 1960, il débute comme presque tous les pilotes d'élite par le karting, où il est vice-champion du monde en 1978 et 1979. Il quitte le confort de sa famille très riche (des propriétaires terriens) au Brésil et s'installe en Angleterre, pour être plus proche des grandes équipes. Il est champion à deux reprises en Formule Ford et une fois en Formule 3. Les grosses écuries s'intéressent à sa rapidité et son style très agressif, mais c'est une équipe modeste qui lui offre son premier volant de F1, Toleman, en 1984. Il y réalise un premier exploit à Monaco, mais des trombes d'eau s'abattent sur la principauté et Jacky Ickx, directeur de l'épreuve, arrête la course au 34e des 77 tours. Prost est en tête et revient doucement au paddock en respectant le règlement. Le fougueux Senna continue à toute allure et pense avoir gagné. Il est rétrogradé à la 2e place, évidemment.

En '85, deux victoires sur Lotus, dont le GP de Belgique. Il est 4e mondial en 1986 et vice-champion du monde en '87.

L'année suivante, il devient l'équipier de Prost chez McLaren, le début d'une rivalité qui fera des dégâts. Mais il est pour la première fois champion du monde. En 1989, la polémique va durer toute la saison, avec des accrochages et des tassements en course avec le Français. Le GP du Japon est houleux et les deux coéquipiers ne respectent pas le jeu d'équipe, surtout Senna qui est sanctionné pour avoir court-circuité Prost dans une chicane et avoir été poussé par des commissaires. Le Français est sacré champion mondial. 1990 : Alain Prost passe chez Ferrari, mais il demeure toujours en conflit avec Senna qui provoque volontairement un accident avec Prost, à Suzuka encore. Personne ne comprend l'attitude de Senna, mais il est champion du monde... Et il confirme en 1991. L'année suivante, les William-Renault dominent toute la saison, avec Mansell notamment. Ayrton se met cette fois en évidence en s'arrêtant pendant les essais du GP de Belgique pour venir en aide au Français Eric Comas, bloqué dans sa voiture à la suite d'un accident.

En 1992, il s'impose enfin dans « son » GP, au Brésil et c'est une foule en délire qui envahit la piste pour le fêter. Victoire aussi au Portugal. La presse britannique salue son aisance sous la pluie et l'appelle « Magic Senna ». Il gagne pour la 6e fois à Monaco, le record et... fait copain-copain avec Prost, à Adelaïde. Finalement, les deux pilotes se respectent mutuellement.

Prost a pris sa retraite, en 1994. À Imola, près de Bologne, la république de San Marino organise son Grand Prix, le troisième de la saison. Dès le vendredi, les choses tournent mal. Le jeune Barrichello se blesse lors des essais. Le samedi, c'est un drame, le premier du week-end : l'Autrichien Ratzenberger est victime d'un accident mortel lors des essais aussi. Ayrton n'a pas envie de courir, il est très marqué par ce qui est arrivé à son ami Ratz. Des amis l'appellent au téléphone : « Tu es déjà trois fois champion du monde. Ne roule pas demain. Viens, nous allons à la pêche. » Senna répond : « J'aimerais bien, mais j'ai trop de responsabilités ici, je dois courir... » Et c'est le crash, terrible, dont il ne sortira pas vivant. L'enquête révélera qu'il s'agissait d'une rupture de direction à sa monoplace. Impossible pour Ayrton de faire virer son bolide. Un pilote perfectionniste disparaît, un homme charitable aussi qui avait créé une fondation qu'il finançait pour venir en aide aux enfants déshérités, au Brésil. Sa sœur a d'ailleurs repris le flambeau dans cette action. Pour les amateurs de Formule 1, c'est un manque considérable dans ce sport. D'autant que le jeune Michael Schumacher, le loup aux dents longues, annonçait un duel prometteur en Grand Prix avec le « maître » Senna. On attendait une rivalité plus intense encore qu'avec Prost.

Bernie Ecclestone, le grand manitou de la Formule 1, affirme : « Ayrton est toujours pour moi le meilleur pilote que j'ai jamais connu. »

SINDELAR Matthias

On est au début du XXe siècle, à une époque où le football venait à peine d'être inventé et ne bénéficiait pas encore d'une couverture médiatique comparable à l'époque actuelle, loin de là. D'ailleurs, la télévision n'existait pas encore et la presse écrite dite « sérieuse » se refusait à relater les événements sportifs. Le 10 février 1903, dans un patelin appelé Kozlau et qui se situe aujourd'hui en République tchèque (mais qui faisait partie en ce temps-là de l'Autriche-Hongrie), naît un certain Matěj Šindelář, dont le prénom sera germanisé en Matthias lorsque ses parents émigrèrent à Vienne.

Soixante ans après son décès, survenu le 23 janvier 1939 dans des circonstances mystérieuses alors qu'il n'avait que 36 ans, cet homme fut élu sportif autrichien du XXe siècle. Sa virtuosité lui valut les surnoms de « Mozart du football », pour sa faculté à écrire le destin d'un match grâce aux nombreux buts qu'il inscrivait, et d'« homme de papier » (*der Papierene*) qui évoque son physique, fin comme une feuille de papier, mais aussi la finesse de son jeu lorsqu'il s'infiltrait dans les défenses adverses.

Son premier club fut le Hertha Vienne, où il s'affilia à l'âge de 15 ans. Il disputa ensuite plus de 700 matches avec l'Austria Vienne, pour le compte duquel il inscrivit 600 buts. Malgré sa tête de bambin et son physique extrêmement chétif, il était un centre-avant très doué techniquement, fin dribbleur, doté d'un sens du but aiguisé et véritable leader de l'équipe. Sa capacité à éliminer son opposant direct en un-contre-un était exceptionnelle.

En 1926, Sindelar signa ses débuts en équipe nationale d'Autriche en inscrivant le but victorieux contre la Tchécoslovaquie (2-1). Il participa à quelques succès historiques : 7-1 contre la

Suisse, 6-0 contre l'Allemagne et 8-2 contre la Hongrie. En 1934, il mena l'Autriche en demi-finale de la Coupe du Monde organisée en Italie. Mais, blessé, il ne put empêcher son élimination face aux Transalpins, ni sa défaite dans le match pour la troisième place contre l'Allemagne.

La politique d'Adolf Hitler bouleversa son destin. En mars 1938, l'Autriche fut envahie par son voisin et devint allemande. La *Wunderteam* fut rayée de la carte. Quelques joueurs autrichiens intégrèrent la *Mannschaft*, mais Sindelar ne répondait pas à la règle n°1 imposée par les Allemands: ne pas être juif. Durant huit mois, il vécut caché avec sa compagne Camilla Casagolda. Le 29 janvier 1939, on retrouva leurs corps inanimés. Officiellement, leur décès fut imputé à une intoxication au monoxyde de carbone due à une cheminée défectueuse, mais diverses thèses privilégient un double assassinat mené par la Gestapo. Une enquête policière fut menée, mais le rapport disparut durant la Seconde Guerre Mondiale. L'hypothèse d'un suicide fut également évoquée, notamment par l'écrivain autrichien Friedrich Torberg qui rédigea un poème intitulé *Auf den Tod eines Fußballers* (À propos de la mort d'un footballeur) suggérant que le joueur se serait donné la mort à cause de l'annexion de l'Autriche à l'Allemagne nazie. Plus de 40 000 personnes accompagnèrent la dépouille de Sindelar dans les rues de Vienne le jour de ses funérailles.

Aujourd'hui encore, chaque 29 janvier, des joueurs de football anciens et actuels se rassemblent sur sa tombe au cimetière central de la capitale autrichienne, pour célébrer sa mémoire.

Son palmarès renseigne 43 sélections et 27 buts pour l'équipe nationale d'Autriche, une victoire en Coupe internationale 1932 avec l'Autriche, un succès en Coupe Mitropa 1936 avec l'Austria Vienne, deux titres de champion et six succès en Coupe d'Autriche avec l'Austria Vienne.

SLATER Kelly

En décembre 2010, Kelly Slater accorde une interview au journaliste David Stanfield. À la question de savoir quels sont les plus grands accomplissements dans sa vie, le « surfeur-dieu » répond qu'il est fier d'être resté « clean » pendant toute sa carrière et de ne pas avoir consommé de drogues. Il avoue boire un verre d'alcool de temps à autre, mais toujours avec modération, car deux bières suffisent à le rendre saoul. Pas évident dans le milieu particulier et festif qu'est celui du surf. Kelly Slater souligne que les surfeurs professionnels ont un mode de vie libre, qu'ils sont payés pour surfer autour du monde et qu'il est très facile de succomber à la tentation. Par ailleurs, dans une autre interview, il reconnaît être un adepte des produits naturels et d'une alimentation diététique, et avoue être un accro à l'eau de noix de coco pour s'hydrater et améliorer ses performances[1].

Kelly Slater, est né le 11 février 1972, à Cocoa Beach, en Floride. Son père, alcoolique, quitte le domicile conjugal, lorsqu'il est à peine âgé de 4 ans. Sa mère exerce plusieurs petits boulots pour joindre les deux bouts. Alors, Kelly Slater, souffrant de l'absence de son père, se réfugie dans le surf. À 19 ans, hyper doué, il intègre l'élite mondiale du surf professionnel.

En 1992, pendant qu'il s'amuse à surfer dans le cadre de la série télévisée « Alerte à Malibu », avec Pamela Anderson, il décroche son premier titre de champion du monde. Du jamais-vu à cet âge ! Après avoir remporté 6 titres en sept années (de 1992 à 1998), le déjà recordman de titres de champion du monde (devant Mark Richards, 4, Tom Curren, 3) consacre alors son temps au golf et à la musique, sans pour autant abandonner

1. Le jus de noix de coco est particulièrement riche en électrolytes, comme le potassium, le sodium, le calcium, le magnésium, le phosphore, ainsi qu'en vitamine C.

sa passion, le surf. Après une pause de trois années, Kelly Slater annonce son retour à la compétition. Pour le plus grand bonheur du monde du surf, de ses fans, des instances internationales et, surtout, de l'industrie de surf pour qui Slater, star parmi les stars, le « King », exerce un magnétisme incomparable. En 2005, sept ans après son dernier sacre, Slater décroche un nouveau titre mondial, avant de récidiver en 2006 et 2008. Il en est à son 9e Championnat du monde, à 36 ans. Le 6 novembre 2010, Slater est sacré champion du monde pour la 10e fois. L'exploit est exceptionnel et son triomphe est immense. Slater dédie alors son trophée à Andy Irons (3 fois champion du monde), l'un de ses principaux concurrents, dont la mort brutale à 32 ans, bouleverse la planète surf. Son total de victoires, en championnat du monde, s'élève alors à 45 succès. Vers la fin de la saison 2011, à San Francisco, vingt ans après son début chez les pros, il s'impose, dans l'avant-dernière compétition, contre l'Australien Daniel Ross et est porté en triomphe par ses fans et le drapeau américain sur une plage archicomble. Kelly Slater peut exhiber le trophée de l'ASP (Association des Surfeurs Professionnels) pour la 11e fois de sa carrière. Il vient de fêter ses 39 ans ! Avec 48 victoires au WCT (World Championship Tour), il devance les 33 victoires de Tom Curren, l'un des plus grands surfeurs du XXe siècle, dont l'hygiène de vie de sportif de haut niveau a sans nul doute inspiré Kelly Slater.

Ce qu'il faut retenir avant tout de cette légende vivante, c'est sa maîtrise – il a exécuté des figures innovantes, jamais réalisées avant lui -, son style, son équilibre, sa vitesse et sa capacité à lire les vagues et les mouvements de la houle, un héritage de sa jeunesse.

SPITZ Mark

En 1972, les Jeux olympiques de Munich furent endeuillés par une terrible tragédie suite à une ignoble prise d'otages, organisée par l'organisation palestinienne « Septembre noir »[1].

Ce drame de déroula après l'un des plus grands exploits jamais réalisé dans l'histoire de l'olympisme et dont le héros fut le nageur américain Mark Spitz. Celui-ci remporta, en effet, les sept courses auxquelles il participa[2]. Tout en battant le record du monde dans chacune d'elles : le 100 et le 200 mètres en nage libre, le 100 et le 200 mètres, en nage papillon, le relais 4 x 100 et 4 x 200 mètres, en nage libre et, enfin, le relais 4 x 100 mètres, en quatre nages. Tout simplement fabuleux.

Le parcours de Mark Spitz est logiquement celui d'un nageur talentueux qui commença à pratiquer la natation très jeune. À l'âge de 8 ans, il s'inscrivit au Arden Hills Swim Club, de Sacramento, où il s'initia à la compétition sous la conduite de l'entraîneur Sherman Chavoor, qui lui restera fidèle jusqu'à la fin de sa carrière. À 12 ans, sa famille décida de déménager à Santa Clara où il nagera 9 kilomètres quotidiennement. En 1967, il battit le record du monde du 400 mètres, en nage libre. Dès ce moment, son objectif était clair : battre le record de son compatriote Don Schollander, qui avait remporté quatre mé-

1. Le 5 septembre 1972, lors des Jeux de Munich, onze membres de l'équipe olympique israélienne furent kidnappés dans leurs appartements. Après d'âpres négociations, un accord fut conclu entre les autorités allemandes et les terroristes palestiniens du groupe « Septembre noir ». Alors que le dénouement était proche et qu'un avion attendait de décoller avec les ravisseurs, le plan mis au point par les policiers allemands échoua complètement à cause de nombreux disfonctionnements. Au bout du compte, onze Israéliens, un policier allemand et cinq des huit terroristes furent tués. Les trois autres terroristes furent capturés. Il a fallu près de vingt ans au Mossad (les services secrets israéliens) pour éliminer les deux principaux organisateurs du kidnapping (Abou Yad et Abou Mohammed) ainsi que d'autres activistes du groupe.

2. Dès le début de la prise d'otages, au lendemain de son exploit, Mark Spitz, d'origine juive, fut évacué vers les États-Unis par le FBI.

dailles d'or lors des Jeux olympiques de 1964, à Tokyo. Mais, en 1968, lors des Jeux de Mexico, il n'obtint que deux médailles en relais. Il s'entraîna alors durement avec le club de l'Université d'Indiana et en 1972, il réussit à pulvériser le record de Schollander. Après ce triomphe exceptionnel, il annonça mettre un terme à sa carrière, forte de 32 records du monde, établis entre 1967 et 1972. Mais non, à 39 ans, soit 17 années exactement après la fin de sa carrière, le phénomène ou plutôt l'ex-phénomène américain tenta un comeback, entre 1989 et 1992. En fait, un long feuilleton, très médiatisé et lucratif. Ainsi, le 13 avril 1991, à Mission Viejo, en Californie, devant six journalistes et quatre chaînes de télévision, il affronta Tom Jager (le recordman du monde du 50 m, en nage libre), en 50 m papillon, sa spécialité. L'enjeu : 20 000 dollars au premier et 10 000 dollars au perdant. Des sommes énormes, à l'époque. Jager l'emporta sans problème. Deux semaines plus tard, même pari, sur la même distance, avec Matt Biondi et un enjeu plus grand encore, 35 000 dollars au vainqueur et 15 000 dollars au vaincu. Une fois de plus, il fut nettement battu. La suite sera une succession de défaites et une lamentable non-qualification pour les Jeux olympiques de 1992, à Barcelone. À vrai dire, un flop de dimension dont l'immense champion aurait pu se passer.

Son record, en natation, qui paraissait imbattable, le fut toutefois lors des Jeux olympiques de 2008, à Pékin, où un certain Michael Phelps, un compatriote, fit mieux encore en remportant 8 médailles d'or.

STREL Martin

Né le 1er octobre 1954, à Mokronog, un petit village de Slovénie, Martin Strel peut être considéré comme le plus grand « aventurier des fleuves ». Car, en matière de natation de longue distance, celui que l'on surnomme « Fishman », a établi quatre records de descente de fleuve figurant au « Guinness book ».

Il commença d'abord, en 1992, à 38 ans, à se faire la main en descendant à la nage, en 28 heures, la rivière Krka, en Croatie, sur une distance de 105 kilomètres. Une rivière au parcours marqué par de nombreuses cascades, chutes d'eau et rapides. Un an plus tard, sur la rivière Kolpa, en Slovénie, il nagea 62 kilomètres, en 16 heures. C'est après que les défis sérieux commencèrent. En 1994, il traversa la mer Adriatique, en partant de Lignano Sabbiadoro pour rejoindre, en 55 heures et sans interruption, la ville de Ravenne. À cette occasion, il établit un nouveau record mondial. La distance entre les deux villes italiennes était de 162,5 kilomètres.

En 1997, il traversa la mer Méditerranée, en reliant l'Europe à l'Afrique, en 29 heures, ce que personne n'avait réussi avant lui.

En 2000, il s'attaqua à la descente du Danube, le deuxième plus long fleuve d'Europe (2 860 kilomètres), après la Volga. À l'issue d'un périple de 58 jours, qui le vit traverser pas moins d'une dizaine de pays, il atteignit le Delta, en Roumanie. C'était une première, avec un nouveau record du monde à la clef. En 2001, il nagea, à nouveau dans le Danube, 504,5 kilomètres, en 84 heures et dix minutes, pour reconquérir le record du monde de nage ininterrompue.

Les exploits vont alors s'enchaîner :

– En 2002, première descente jamais réussie du Mississippi.

Un peu moins de 4 000 kilomètres, en 68 jours.

– En 2003, il descendit le fleuve Paraná (Brésil et Argentine) en parcourant à la nage 3 998 kilomètres.

– En 2004, il s'attaqua au Yangtze, le plus long fleuve d'Asie, avec ses 4 003 kilomètres, qu'il parcourut en 53 jours. Soit un jour de moins que prévu et nouveau record du monde.

– En 2007, enfin, Martin Strel réalisa sa plus grande performance, la descente de l'Amazone, le plus long fleuve du monde avec le Nil. En 66 jours, il nagea sur une distance de 5 268 kilomètres, soit un peu plus que la traversée de l'océan Atlantique. Durant son parcours, il fut escorté par des petits bateaux pourvus de petites pochettes de sang à jeter dans le fleuve en cas d'attaques de piranhas ou d'autres poissons carnivores.

Il est à noter que Martin Strel a toujours profité de ses exploits pour attirer l'attention des médias sur les problèmes de l'environnement et de la pollution des eaux.

TABARLY Éric

Si l'on demandait à un public non averti en matière de navigation de ne citer qu'un seul nom de grand voyageur des mers (contemporain), il est quasi certain que le Français Éric Tabarly remporterait la palme. Parce qu'il est le plus célèbre, le plus titré et le plus médiatisé. Tabarly fut un tout grand navigateur, en effet, le premier qui attira réellement l'attention sur les courses à la voile, lesquelles devinrent ensuite relativement populaires dans nos régions. Eric est né à Nantes en 1931 et il a découvert les bateaux à voile à l'âge de 3 ans, ses parents étant propriétaires du «vieux» Pen Duick de 1898. C'est pourtant vers l'aviation qu'il se dirigea tout d'abord, devenant un excellent pilote, capable de voler sur divers appareils. Officier, il pilota au cours de la guerre d'Indochine. Rentré d'Asie, il changea d'orientation, pour entamer et puis réussir des études d'officier de marine.

La course en mer le fascinait et en 1964, il remporta sa première grande épreuve, mythique d'ailleurs, la Transatlantique en solitaire, battant Sir Francis Chichester, vainqueur en 1963. En 1966, il découvrit les nouveaux bateaux multicoques, à l'issue d'une sortie d'essais sur le trimaran Toria. Il fut persuadé d'entrée que cet engin-là était le bateau destiné aux courses d'avenir. Dès lors, Tabarly allait truster les succès, sur toutes les mers du monde. Parmi ses grandes victoires: la Fastnet en 1967,une année-record où il termina 7 fois premier sur 7 courses et sur 5 océans, puis la Transpacific, entre San Francisco et Tokyo en '69, Los Angeles-Tahiti en '72, le Triangle de l'Atlantique en '75, sa deuxième Transat en '76, où il pilotait en solitaire le Pen Duick VI, conçu pour 15 équipiers! La même année, un sondage du journal «L'Équipe» le consacrait sportif le plus populaire, devant Eddy Merckx, Nikki Lauda et Johan Cruyff, un résultat impressionnant pour un navigateur par rapport aux champions de sports bien plus... populaires. Il clôtura ce palmarès en 1997, en remportant avec Parlier la course Le Havre-Carthagène (Colombie).

Durant toutes ces années, Éric forma aussi toute une génération de coureurs « océaniques ». Il prit à son bord une quantité de jeunes marins qui devinrent plus tard de grands champions de la voile, Français la plupart : Alain Colas, Olivier de Kersauson, Marc Pajot, Titouan Lamazou, Michel Desjoyeaux,...

L'influence de Tabarly sur la compétition à la voile, en France, a été considérable. Car Éric ne se limita pas à gagner des courses, il prit toujours part aussi à la conception des voiliers de compétition, s'intéressant aux nouvelles techniques, aux nouveaux matériaux et profitant de ses connaissances en aérodynamique, en tant qu'ancien pilote d'avion.

Dès 1967, adulé par tout un peuple qui aimait certes le champion mais aussi l'homme pondéré, discret et qui ne rechercha jamais le vedettariat, Tabarly fut décoré de la Légion d'Honneur par le général de Gaulle, lui aussi admiratif devant ses exploits.

Le 13 juin 1998, ce fut le drame, lors d'une sortie en mer d'Irlande. Éric Tabarly chuta dans les flots. Ses quatre coéquipiers l'ont vu tomber à l'eau, heurté en manœuvrant une voile, mais il faisait nuit et toutes les recherches s'avérèrent vaines. Avait-il négligé de s'encorder? On ne sut jamais ce qui s'était passé cette nuit-là. Ses admirateurs avaient toujours souligné sa passion de naviguer; mais en évoquant aussi son goût du risque poussé à l'extrême. « Ce n'est pas l'homme qui prend la mer, c'est la mer qui prend l'homme », chantait Renaud...

Éric poussait aussi la chansonnette, en petit comité de copains, et son épouse l'accompagnait volontiers. Il a laissé le souvenir d'un homme habité par un courage énorme avant tout; d'une honnêteté rare, avec le sens de la parole donnée et de la responsabilité. Il était taiseux, mais disait des mots justes et essentiels. Il écrivit quelques ouvrages fort intéressants sur les courses au large.

Disparu, son nom fut honoré partout dans l'Hexagone, où l'on inaugura des rues, des avenues, des boulevards, des écoles primaires, des lycées, des complexes sportifs, des gymnases et même un pont à Nantes, à son nom. À Lorient, la «Cité de la Voile» porte, elle aussi son patronyme.

Sa femme et sa fille Marie –passionnée, elle, d'équitation– perpétuent son souvenir avec du «merchandising», ce qui est de bonne guerre: 21 boutiques de mode affichent l'enseigne Éric Tabarly sur la France, des sacs marins exclusifs ont été fabriqués avec d'anciennes voiles de ses bateaux et des roses «Éric Tabarly» sont même en vente en jardinage!

TOMÁS José

Le 24 avril 2010, lors d'une corrida à Aguascalientes, au Mexique, le célèbre matador José Tomás, légende vivante de la tauromachie, se fait gravement encorné par un taureau de 500 kilos, qui lui perfore l'artère et la veine fémorale. Il est quasi laissé pour mort. Huit litres de sang et trois chirurgiens sauveront sa vie. Quinze mois plus tard, le 23 juillet 2011, après une longue période de rééducation, le « messie » refait son apparition dans les arènes de Valence. À peine croyable, après une telle blessure. L'événement est exceptionnel pour les amateurs de tauromachie et plus de 300 médias, du monde entier, demandent leur accréditation. Les derniers billets se négocient au-delà de 1 000 euros, les hôtels affichent complets, tous les trains Madrid-Valence des 22 et 23 juillet sont pris d'assaut, Iberia rajoute des vols supplémentaires et le chiffre d'affaires généré par ce combat est estimé à un peu plus de 90 millions d'euros.

Le quotidien espagnol La Razon titre même : « José Tomás est plus attractif qu'un Madrid-Barça ». C'est tout dire. José Tomás, « l'extraterrestre », a affronté, ce 23 juillet, deux taureaux et rempli son contrat (300 000 euros) au-delà de tout ce qu'espéraient ses aficionados.

José Tomás Román Martin, dit José Tomás, est né le 20 août 1975, à Galapagar, en Espagne.

Depuis son plus jeune âge, il a été initié à la tauromachie par son grand-père, un ancien chauffeur de toreros, qui l'amenait aux arènes de Madrid pour assister à des corridas. Sa carrière a débuté très tôt, mais il a dû se rendre au Mexique pour obtenir le 10 décembre 1995, à Mexico, l'alternative[1]. Confirmée le 14 mai 1996, à Madrid. José Tomás est considéré par certains comme le digne successeur de Manolete, mort à Linares le 28 août 1947, à 30 ans, et considéré à l'époque et jusqu'à l'avènement de José Tomás, le plus grand matador espagnol de tous les temps. Mieux, le journaliste espagnol Fernando Sánchez Dragó, écrit dans «El Mundo»: «Qui le voit toréer, ami ou non, et qui n'a pas la peau et le cœur anesthésié, se rend compte que personne, jamais, n'a toréé comme cela». Le style de José Tomás est exceptionnel. Le portrait dressé de lui par le journaliste français Jacques Durand est encore plus explicite à son égard: «Sans jamais décoller les pieds du sol, sans reculer ni même éviter la charge du taureau, le maestro affronte avec placidité le danger sans concessions ni artifice. Sincère, il ne montre aucune émotion et se contente de gestes sobres et épurés». José Tomás, par ailleurs, est aussi discret en dehors des arènes qu'il est silencieux lors de ces affrontements. Il n'accorde quasi aucune interview à la presse et refuse la retransmission télévisée, en direct, de ses combats. Alors que certains matadors toréent une centaine de fois par an, sans une égratignure, José Tomás, perfectionniste dans l'âme, n'accepte qu'une vingtaine de combats par an, mais au prix de 250 000 à 300 000 euros par combat et pas mal d'accidents, compte tenu de son style de torero. Ce qui est sûr, aujourd'hui, c'est que José Tomás est l'homme providentiel d'un monde taurin en déclin et qu'il n'y a, apparemment, aucun successeur en vue de sa trempe et de son talent.

1. L'«alternative» est une cérémonie d'investiture par laquelle un torero passe du grade de «novillero» (apprenti matador) à celui de «matador». Elle est toujours parrainée par un matador confirmé, en présence d'un témoin. Au cours d'une corrida d'alternative, le novillero, après avoir reçu l'épée et la muleta des mains de son parrain, tue le premier et le dernier taureau; le parrain, le deuxième et le quatrième et le témoin, le troisième et le cinquième. L' «alternative» est toujours confirmée par un autre combat et un autre parrain et témoin. Cet événement est appelé «confirmation d'alternative» et se déroule toujours dans les arènes de Madrid.

À titre informatif, à ce jour 57 matadors ont été tués dans l'arène, dont quelques noms célèbres comme « Dominguin » (le 7 octobre 1900), « Joselito » (le 16 mai 1920), « Granero » (le 7 mai 1922), « Manolete » (le 29 août 1947), « José Mata » (le 27 juillet 1971) et « Paquirri » (le 26 septembre 1984). Il faut y ajouter 184 « novilleros », 73 « picadors » et 149 « banderilleros ».

VAN LOOY Rik

En 1968, Rik Van Looy ne cacha pas son émotion en franchissant la ligne d'arrivée de la Flèche Wallonne. Ce sera la dernière grande victoire de sa carrière (1953-1970) et cet ultime bouquet restera à jamais un moment spécial de l'histoire du cyclisme. Le routier sprinter belge signa ce jour-là une première en s'adjugeant toutes les classiques de son époque. Chasseur sans égal des courses en ligne, Van Looy empocha 16 grandes épreuves d'un jour: Milan-Sanremo 1968, Tour des Flandres 1959 et 1962, Paris-Roubaix 1961, 1962, 1965, Liège-Bastogne-Liège 1961, Tour de Lombardie 1959, Paris-Bruxelles 1956, 1958, Gand-Wevelgem 1956, 1957, 1962, Paris-Tours 1959, 1967, Flèche Wallonne 1968.

La composition de cet incroyable tableau de chasse ne passa pas inaperçue, certainement pas en Belgique où Van Looy était vénéré, que ce soit en Flandre ou en Wallonie. Grand prêtre des classiques, il communiait sans cesse avec l'immense peuple de ses supporters. Né en 1933 à Herentals, dans les plaines du nord du pays, il ne ratait jamais l'occasion de s'imposer avec panache. Il mérita deux surnoms, « Rik II » (car il succéda à un autre crack, Rik Van Steenbergen) et « l'empereur d'Herentals ». Van Looy, il est vrai, détenait une redoutable pointe de vitesse et disposait tel Napoléon d'une division de grognards, maîtrisant l'art d'organiser une bordure dans le vent, brisant sans regret les attaques adverses, imprimant un rythme d'enfer avant de mettre leur chef de fil sur orbite en vue de la ligne d'arrivée. Cette véritable armée portait le nom de Garde Rouge.

« C'est lui, personne d'autre sauf quand il était absent ou hors du coup, qui devait gagner les courses. », déclara régulièrement le directeur technique qui organisa cette équipe, Guillaume

Driessens. « En Italie, avant la Deuxième Guerre mondiale, chaque grand champion avait son domestique, un homme qui ne le quittait pas d'une semelle, le protégeait. Ce n'était pas un larbin mais un homme concerné par son boulot et le succès de son champion. De nombreux porteurs d'eau ont royalement gagné leur vie en faisant admirablement bien leur boulot. Nous en avons fait le credo de notre équipe, chacun assumait un rôle précis et essentiel auprès de Van Looy ». Même Fausto Coppi ne cacha pas son admiration en évoquant cette mécanique : « Les lieutenants belges sont inégalables ». Il avait raison, un champion doit avoir une grande équipe à son service.

Idole des Belges, Van Looy enleva deux titres de Champion du monde sur route, en 1960 et 1961. Et, en 1963, tout annonçait la conquête d'un troisième arc-en-ciel, plus beau que les autres. Il ne pouvait être conquis que par l'empereur d'Herentals, champion de Belgique en titre. Le sacre espéré et attendu devait ressembler à la plus belle noce du cyclisme belge. Pourtant, un doute fissura petit à petit les certitudes. L'équipe nationale belge comprenait quelques coureurs lassés de vivre anonymement sous le joug de Van Looy qui ne leur laissait que les miettes de ses festins.

« La veille du Mondial, j'ai pressenti que quelque chose se tramait contre lui. », raconta plus tard Driessens. « Tous les coureurs belges avaient signé un pacte, Van Looy était l'unique leader belge. Rik se méfiait de Darrigade, Altig, Simpson, Junkermann, etc. J'ai prévenu Van Looy que cela clochait dans le camp belge. La course fut limpide et on se dirigea assez logiquement vers un sprint royal. À 200 mètres de l'arrivée, Van Looy occupait le centre de la route et se retourna sur sa droite, personne ne l'y menaçait mais... par contre, il devina une attaque sur sa gauche et vit un maillot belge. Celui de Beheyt qui s'était plaint de crampes à quelques kilomètres de l'arrivée. Van Looy ferma la porte mais Beheyt remonta Van Looy. Le public comprit qu'on avait trahi Van Looy et hua le nouveau champion mondial. Le banquet de la victoire fut décommandé... »

Lassé par l'attitude belliqueuse du public à son égard lors de chaque course disputée en Belgique, Beheyt mit un terme à sa carrière à 26 ans. Van Looy, lui, n'avait pas encore remporté la Flèche Wallonne, dernier bijou d'un palmarès unique en son genre.

WAUTERS Ann

Elle a popularisé le basket féminin en Belgique, et surtout en Flandre, où elle incarne parfaitement l'image de la « BV » (*Bekende Vlaming*, autrement dit Flamande connue). Et de fait, elle n'intéresse pas uniquement les magazines sportifs, mais également les magazines *people*. Car elle est l'une des rares sportives à avoir affiché ouvertement son homosexualité durant sa carrière. Fait remarquable, son coming out n'a donné lieu à aucune réaction négative. Le 14 juillet 2007, elle épousa sa compagne Lot Wielfaert dans la plus stricte intimité, à Coxyde sur la Côte belge. Aujourd'hui, le couple a deux enfants : une fille, Lou, que Lot a porté, et un garçon, Vince, qu'Ann a porté.

Mais, bien sûr, elle a également forgé ses exploits sur les terrains. Elle a remporté l'Euroligue à quatre reprises (2002, 2004, 2005 et 2012) et fut élue cinq fois meilleure joueuse européenne de l'année (2001, 2002, 2003, 2004 et 2008).

Paradoxalement, elle n'a jamais été élue sportive de l'année en Belgique. Sa meilleure place fut la 3e, une place qu'elle a obtenue à… sept reprises. Elle a eu la malchance d'être la contemporaine des joueuses de tennis Justine Henin et Kim Clijsters, qui ont trusté les prix. Mais le plus étonnant est que Wauters fut également 3e en 2011, alors qu'elle s'était quasiment accordée une année sabbatique pour donner naissance à son fils. Un vote qui traduit à la fois sa popularité mais aussi un manque de connaissance du basket féminin de la part des journalistes belges, puisque cette année-là, Anke De Mondt victorieuse de l'Euroligue avec Salamanque mais beaucoup moins médiatisée, n'avait pas figuré sur le podium.

Native de Saint-Nicolas en Flandre Orientale, Wauters découvrit le basket un peu par hasard, à l'âge de 12 ans. Affilée dans un premier temps à Osiris Alost, elle prit rapidement la décision de s'exiler. Pas bien loin, certes : juste de l'autre côté de la frontière, à Valenciennes. Là, sous la direction du coach Laurent Buffard, elle s'affirma comme une joueuse intérieure mobile et adroite, capable de courir et de tirer à mi-distance, qui tranchait avec les pivots parfois massifs que l'on avait connus dans le passé. Avec les Hennuyères, elle décrocha tous les titres possibles et imaginables. En France, mais aussi en Europe. Elle fut élue meilleure joueuse des quatre Final Four d'Euroligue disputés (victorieuse en 2002 et 2004, finaliste en 2001 et 2003).

Elle estima alors avoir fait le tour de la question à la salle du Hainaut et prit la direction de la Russie, très rémunératrice. Elle évolua dans trois clubs différents : Samara de 2004 à 2007, le CSKA Moscou de 2007 à 2009 et enfin Ekaterinbourg de 2009 à 2011 dans la lointaine Sibérie, où elle retrouva le coach Laurent Buffard. Elle mit ensuite temporairement sa carrière entre parenthèses pour privilégier sa vie de famille, puis partit à Valence en 2011 où elle remporta sa 4e Euroligue, un trophée que les Espagnoles n'avaient plus remporté depuis 1992 et 1993. Mais le club tomba en faillite et c'est en Turquie, à Galatarasay, qu'elle choisit de poursuivre sa carrière.

Parallèlement à sa carrière européenne, de l'automne au printemps, elle participa aussi au championnat WNBA, le pendant féminin de la célèbre NBA, durant l'été. Elle porta le maillot des Cleveland Rockers en 2000, 2001 et 2002, des New York Liberty en 2004 et 2007, des San Antonio Silver Stars en 2008 et 2009, et enfin du Seattle Storm en 2012.

En 2003, elle choisit une destination plus exotique : elle évolua au Samsung Bichumi, dans le championnat de Corée, lui aussi très rémunérateur.

Elle n'est toutefois jamais parvenue à hisser l'équipe nationale belge vers les sommets escomptés. Son rêve était de participer aux Jeux olympiques, mais elle ne le réalisera jamais : elle vient de décider, en 2013, de renoncer aux Belgian Cats. De gros efforts furent pourtant entrepris, comme en 2006 lorsque la fédération belge fit l'effort d'engager son coach fétiche Laurent Buffard comme sélectionneur. Le meilleur classement obtenu resta la 6e place décrochée lors du Championnat d'Europe 2003 en Grèce.

PARIBAS
TEB
BNP PARIBAS

WILLIAMS Serena

Depuis 1999 déjà elle crève l'écran dans le monde du tennis. Par ses victoires innombrables, par son physique impressionnant, son jeu puissant, tout en force, par ses déclarations tapageuses aussi. On l'admire, car c'est une championne de haut niveau, inusable, toujours avide de victoire. Serena Williams est en passe de menacer Navrátilová au poste de « meilleure joueuse de l'histoire ». Vu sa longévité sportive, elle peut dépasser par son palmarès l'américano-tchèque. Au 7 octobre 2013, Serena comptait 37 victoires en Grand Chelem, la crème des tournois : 17 simples (5 Australie, 2 Roland-Garros, 5 Wimbledon et 2 US Open), 13 doubles dames avec sa sœur aînée Venus et 2 mixtes. Ajoutons 4 titres olympiques (trois en double et 1 simple à Londres en 2012). Sa domination a débuté en 1999, lorsqu'elle remporta son premier Chelem à New York, contre Martina Hingis. Elle gagna alors sans discontinuer, jusqu'en 2004. Elle restera un peu plus de deux ans alors à se chercher, à se faire opérer au genou, à tâter du show biz et elle voguera au-delà de la 100e place mondiale.

Son véritable retour au premier plan, c'est en 2008. Fait curieux, elle perdit cette année-là la finale du simple contre sa sœur et remporta le même jour celle du double toujours avec Venus ! Les deux sœurs s'affrontèrent à quatre reprises dans leur carrière, en finale d'un Grand Chelem. Au total de leurs rencontres, Serena s'imposa 14 fois sur 24.

À plus de trente ans, elle réalisera encore des saisons formidables. En 2012, elle gagna à Wimbledon, aux Jeux olympiques, à l'US Open et clôtura victorieusement à Istanbul, au Master, contre Sharapova.

Elle redevint n° 1 mondiale à Doha, au printemps 2013, écuma une série de tournois et remporta à nouveau l'Open des États-Unis, contre Azarenka, empochant au passage le chèque-record de 3,6 millions de dollars. Dans son escarcelle s'entassèrent alors 56 titres en simple, 22 en double-dames et 4 en double mixte. Et ce n'est certes pas fini...

Femme forte, Serena Williams avoue avoir été longtemps complexée par son physique : « je n'étais pas mince comme ma sœur Venus et je me braquais sur tous les gens minces que je rencontrais. Aujourd'hui encore, je suis tellement vite reconnue quand je sors d'un hôtel que j'envoie généralement quelqu'un me chercher ce dont j'ai besoin. Sinon, c'est le harcèlement. Ce n'est pas toujours gai d'être au sommet... » Mais cette prestance fait aussi sa force :

Serena triomphe grâce à un grand service, un bon retour, des coups puissants lâchés du fond de court, avec des risques, mais le plus souvent gagnants. Et puis cet esprit sans cesse conquérant, cette confiance en soi, cette rage de vaincre. Combien de sets n'a-t-elle pas gagnés sur un cinglant 6-0? Serena, c'est aussi un tempérament de feu, qui la pousse parfois à casser sa raquette en petits morceaux sur le court, après une défaite. À 32 ans !

Parallèlement au circuit de tennis où elle se produit à nouveau sans interruption à travers le monde, Williams multiplie ses occupations dans un grand nombre de secteurs, particulièrement dans la mode et les cosmétiques. Cela vaut la peine de jeter un coup d'œil sur internet pour y découvrir plusieurs de ses sites de vente, mais aussi pour se rendre compte de sa passion pour les photos où elle aime poser. C'est une galerie commerciale toute entière que l'on trouve sur le net, à son effigie !

Inutile de préciser que sa fortune ne fait que croître et embellir, à cette époque où les sportifs de renom sont choyés comme jamais. Elle précise pourtant : « Je continue à jouer pour le plaisir avant tout. Mon père, Richard, nous a mis au tennis, ma sœur et moi, pour l'argent. Car nous étions une famille pauvre, à Los Angeles, dans le quartier déshérité de Compton. Mais nous jouions pour nous amuser, un peu naïves, sans doute. »

Comme bon nombre aussi de sportifs nantis, Serena vient en aide aux nécessiteux. La « Serena Williams Foundation » soutient psychologiquement et financièrement aux États-Unis les parents affectés par un crime ayant touché leur famille. Et ce n'est pas rare. Elle s'efforce aussi, en Afrique notamment, d'aider les enfants de familles sans ressources à fréquenter l'école. Serena a incontestablement du cœur.

WOODS Tiger

L'année du Tigre, comme disent les Chinois, elle dure depuis 1996... Car dès l'instant où il a signé son premier contrat professionnel, le golfeur aujourd'hui le plus célèbre au monde commençait déjà à remporter des grands tournois. Deux beaux titres, à 21 ans, au Walt Disney Classic (pas pour les enfants!) et à Las Vegas.

Tiger est né le 30 décembre 1975 à Cypress, en Californie. Son père l'a appelé Tiger en souvenir de l'un de ses meilleurs amis vietnamien militaire comme lui. Le père Woods était un lieutenant-colonel afro-américain de l'armée des États-Unis, qui avait combattu à la guerre du Vietnam. La maman, une Thaïlandaise que son père avait rencontrée alors qu'elle servait aussi dans la défense US. Une éducation stricte, pour cet enfant unique, et dès l'âge de 3 ans, un petit club de golf et quelques balles pour l'initier, avec succès d'entrée, au hobby préféré de son papa. À 8 ans, Eldrick-Tiger était déjà champion du monde! En catégorie golfeurs de 9-10, en vogue aux États-Unis. En progrès constants, multipliant les victoires dans les tournois de jeunes, Woods signait son entrée sur le circuit pro à 21 ans, avec à la clé deux contrats financiers mirobolants: 40 millions de dollars avec Nike et 20 millions avec Titleist, sponsor dans ce sport. L'année de ses débuts chez les « grands », Tiger était déjà consacré « sportif de l'année », par le fameux magazine américain « Sport Illustrated ». Un an plus tard, il s'imposait aux Masters, devenant numéro 1 mondial après 42 semaines seulement de présence chez les pros, un record. S'ensuivirent et jusqu'aujourd'hui des années de tournois à travers le monde, avec beaucoup de hauts et quelques bas. De nombreuses victoires, surtout, qui le virent dominer plusieurs générations de bons spécialistes. Woods fut 11 fois « joueur de l'année », dont la dernière en 2013. En 2007, il signait le plus gros chèque de l'histoire du sport : 10 millions de dollars pour une victoire à la FedExCup. Il a remporté 79 tournois du PGA Tour (les Pros), entre 1996 et 2013. Et 8 sur l'European Tour.

« Tiger est un prodige », disent les journalistes spécialisés. Dans son style flamboyant et athlétique, il a popularisé le golf aux États-Unis et dans le monde. Son parcours privé, par contre, lui a valu quelques ennuis. On sait que les Américains ne badinent pas avec l'infidélité – pure hypocrisie de leur part d'ailleurs – et il a bien failli mettre un terme à sa carrière, après avoir batifolé loin de sa femme et de ses deux enfants (fille et garçon). Woods a été lâché momentanément par quelques sponsors, mais il a fait amende honorable, a versé (dixit la presse people US) la somme rondelette de 613 millions de dollars à son épouse suédoise Elin lors de leur divorce et tout est rentré dans l'ordre.

Il faut savoir que la vie d'une star de la dimension de Tiger Woods n'est pas des plus faciles. Il est constamment épié par les paparazzi et son moindre faux-pas, sa moindre déclaration un peu dérangeante sont mis en épingle dans les media. Son père, décédé, lui disait déjà : « Tiger, play golf and f... the rest ! » On aura compris...

Lui aussi, qui prit le conseil de son père à la lettre. Héros en Amérique, il eut à affronter à ses débuts les sempiternelles attitudes racistes. Témoin cette phrase lourde de sens relevée dans un article du « Celebrity Register », en 2009 : « Michael Jordan et Tiger Woods ont rendu possible que des athlètes afro-américains deviennent accessibles pour les audiences blanches ». Renversant, non?

Woods n'est pas malheureux. En dépit de ses « frais » de divorce, sa fortune est estimée à plus d'un milliard de dollars par le magazine spécialisé « Forbes ». Tout simplement le sportif le mieux payé du monde...

Jouera-t-il encore longtemps? Le golf maintient, c'est certain, mais des douleurs ne l'épargnent pas, au rythme où il se produit : tantôt au genou, au tendon d'Achille ou plus souvent au dos. Comme le plus humble des mortels.

YACHINE Lev

Sa souplesse, sa faculté à rechercher les ballons dans la lucarne (la « toile d'araignée ») et le maillot noir qu'il portait en toutes circonstances lui valurent le surnom de « panthère noire » ou d'« araignée noire ». Il fut l'un des premiers gardiens à boxer les ballons qu'il jugeait trop difficiles à maîtriser. Il fut aussi un précurseur dans la relance rapide du cuir, afin de lancer une contre-attaque, et osait – fait rare à l'époque – s'aventurer en dehors de sa surface. Il stoppa aussi près de 150 penalties. « Il réalisait de grands arrêts, savait réduire les angles de tir et intercepter les centres aériens », témoigna l'Anglais Gordon Banks. « C'était l'un des rares gardiens capables d'exceller à la fois sur sa ligne et dans ses sorties », renchérit l'Allemand Sepp Maier. « Encore aujourd'hui, je le considère comme le meilleur gardien de l'histoire », conclut le buteur portugais Eusebio.

Lev Ivanovitch Yachine, né le 22 octobre 1929 à Moscou, demeure le seul gardien de but à avoir remporté le Ballon d'or : en 1963. En 1999, l'IFFHS (l'Institut d'Histoire et de Statistiques du football) l'a élu meilleur gardien du siècle. Médaillé d'or aux Jeux olympiques 1956 à Melbourne, il a également remporté le Championnat d'Europe 1960 et participé à trois Coupes du monde avec l'URSS. Il n'a connu qu'un seul club durant sa carrière : le Dynamo Moscou, avec lequel il remporta cinq titres et trois coupes d'URSS, mais ne participa à aucune compétition européenne. Avec 270 matches officiels sans encaisser de but (sur 812 disputés, équipe nationale comprise), il détient le meilleur ratio de *clean sheets* devant l'Espagnol Iker Casillas, toujours en activité.

Fait surprenant : c'est l'entraîneur de l'équipe de… hockey sur glace du Dynamo Moscou, Arkady Chernyshev, qui découvrit son talent. À 13 ans, le jeune Lev était entré comme apprenti dans l'usine qui employait ses parents à Touchino, dans la banlieue de Moscou. C'est avec l'équipe de l'usine qu'il découvrit le football en 1945, d'abord comme joueur de champ, puis comme gardien de but, et fut repéré en 1950. Mais dans l'équipe de football du Dynamo, il était barré au poste de gardien par Alexei Khomich, le portier de l'équipe nationale. L'équipe de hockey sur glace fut heureuse de pouvoir compter sur lui. Il dut attendre le départ de Khomich pour le Spartak Minsk, en 1953, pour prendre sa succession.

Yachine effectua ses débuts en équipe nationale en 1954. Lors de la Coupe du monde 1962 au Chili, il tint sa place alors qu'il souffrait d'un traumatisme crânien. Il commit des erreurs et le quotidien sportif L'Équipe estima que sa fin de carrière était proche, mais il retrouva son meilleur niveau par la suite. Au point d'être élu, à 36 ans, meilleur gardien de la Coupe du monde 1966 en Angleterre. Mieux : il fut encore sélectionné, à 40 ans, pour la Coupe du monde 1970 au Mexique, mais il préféra laisser sa place à un jeune.

Yachine représenta la FIFA à plusieurs reprises lors de matches de galas : celui fêtant le centenaire de la fédération anglaise, en 1963 à Wembley ; celui célébrant le dixième anniversaire de la première victoire brésilienne en Coupe du monde, en 1968 au stade Maracanã de Rio de Janeiro ; ou encore le jubilé de Stanley Matthews, le premier lauréat du Ballon d'or, en 1965 à Stoke-on-Trent. Le match d'adieu de Lev Yachine fut organisé au stade Loujniki de Moscou en mai 1971. À cette occasion, le Dynamo rencontra devant 100 000 spectateurs une sélection mondiale emmenée par l'Anglais Bobby Charlton et l'Allemand Gerd Müller.

Yachine fut amputé d'une jambe en 1986 et décéda le 21 mars 1990, à 61 ans, des suites d'un cancer de l'estomac. Cette année-là, il reçut le titre honorifique de Héros du travail socialiste, après avoir déjà été décoré de l'Ordre de Lénine en 1967. Le trophée de meilleur gardien de la Coupe du monde, décerné tous les quatre ans depuis 1994, porte son nom. En 1999 il fut élu « sportif russe du siècle » devant le lutteur Alexandre Kareline et le hockeyeur Vsevolod Bobrov. Une statue le représentant a été érigée devant le stade du Dynamo Moscou.

903

ZÁTOPEK Emil

Encore une légende du sport mondial! Émil Zátopek (1922-2000) a battu 18 records du monde, été trois fois champion d'Europe, mais il s'est surtout rendu inoubliable par son triplé aux Jeux olympiques d'Helsinki, en 1952. Vainqueur à la fois sur 5000 m, 10 000 m et en marathon, c'est un exploit toujours inégalé à ce jour.

Emil a 16 ans lorsqu'il débute comme ouvrier à la fabrique de chaussures Bata, bien connues dans toute l'Europe. Il participe à sa première course pour y représenter son usine et termine d'emblée 2e. Immédiatement, le « système » tchèque lui offre les meilleures possibilités pour s'entraîner, mais est freiné par la guerre et ce n'est qu'en 1945 qu'il revient à la surface. Engagé dans l'armée, en 1945, il tombe amoureux de Dana, la fille de son colonel et les tourtereaux se marient.

Premier grand succès en '48, aux Jeux de Londres. S'il est battu, sous la pluie battante, par le Belge Gaston Reiff sur 5000 m, il s'impose dans le 10000. Zátopek entame alors une période de domination impressionnante sur les épreuves de fond. Entre '48 et '58, il signe 38 victoires en 10 000 m, et 48 en 5000 m, invaincu, de 1948 à 1952.

Mais le point culminant de sa carrière se situe à Helsinki, en '52.

Emil Zátopek se prépare durement, par tous les temps, même dans la neige, l'hiver. Il effectue aussi des séances d'entraînement la nuit, muni d'une lampe torche! Sur la piste, en compétition, son style est heurté, il grimace, souffre apparemment, la tête toujours penchée. Mais son style saccadé le fait tout de même gagner, épuisant ses rivaux avec des rythmes et surtout des accélérations qui ne donnent quasiment jamais aucune chance à ses adversaires.

La « locomotive tchèque », comme l'a surnommé un journaliste français, entre en action sur les dix kilomètres, à Helsinki. Emil s'impose avec 120 m d'avance sur Alain Mimoun. Bataille rangée dans le 5000 m, contre l'Allemand Schade et l'Anglais Chataway. Zato' les use et les lâche dans un dernier tour de toute beauté. Mimoun est encore deuxième. Emil se précipite vers les tribunes pour y embrasser son épouse Dana, qui vient elle aussi de prendre la médaille d'or, au javelot.

Trois jours plus tard, il relève le pari impossible, pour sa première expérience dans le marathon. Incroyable ou non, il semble s'y « promener » ! Il laisse partir l'Anglais Peeters, le favori, le rejoint, le laisse sur place. Seul en tête, il sourit et fait des signes amicaux au public qui l'acclame, il parle avec les occupants des voitures suiveuses de l'organisation. Il gagne, bien sûr, salué par une ovation de ce public finlandais si connaisseur de l'athlétisme. Emil Zátopek est désormais un héros mondial.

Le voilà nommé colonel dans son pays. Il arpente le monde avec sa femme, dispute encore le marathon de Melbourne en 1956 (6e) et arrête la compétition en 1957. Le printemps de Prague, en '68, cause sa perte. Il prend la parole en public contre l'invasion soviétique et se voit exclure de l'armée, condamner à des travaux subalternes : éboueur tout d'abord, puis ouvrier dans les mines d'uranium... C'est en 1974 seulement qu'il est réhabilité, ensuite honoré par le président Vaclav Havel.

Emil Zátopek laisse aussi le souvenir d'un homme modeste, simple, gentil, généreux, fidèle en amitié, Mimoun et Reiff en savaient quelque chose. Il aimait chanter, sa chère femme Dana l'accompagnant à la guitare. Polyglotte, moraliste à ses heures, aussi. Il plaisantait : « Il y a trois choses qui valent la peine de vivre : le luxe américain, les femmes japonaises et la cuisine chinoise »...

ZIDANE Zinedine

9 juillet 2006. Même s'il s'agissait d'une décision mûrement réfléchie, annoncée avant le début de la Coupe du monde, c'est sur un coup de tête que Zinedine Zidane a mis un terme à sa carrière : celui asséné au thorax de Marco Materazzi, qui l'avait provoqué, à la 110e minute de la finale France-Italie à Berlin et qui lui a valu un carton rouge.

Huit ans plus tôt, ce sont deux autres coups de tête, plus glorieux ceux-là, qui lui avaient permis d'écrire les plus belles pages de sa légende : deux coups de tête victorieux qui placèrent la France sur le chemin de son premier – et jusqu'ici unique – titre mondial, avant le troisième but d'Emmanuel Petit. Et un, et deux, et trois-zéro face au Brésil en finale de la Coupe du monde 1998 au Stade de France, le refrain est connu. Il fit de Zidane le symbole de cette génération black-blanc-beur.

Zinedine Yazid Zidane, né à Marseille le 23 juin 1972, est le cadet d'une famille de cinq enfants (trois frères et une sœur). Ses parents sont originaires de Kabylie et il possède, à ce titre, la double nationalité franco-algérienne. En arabe, Zinedine signifie « beauté de la religion ».

Le 23 juin 1984, le petit Zinedine était ramasseur de balles lors de la demi-finale de l'Euro 1984, France-Portugal, au stade Vélodrome. Son idole d'enfance était le milieu uruguayen de l'OM, Enzo Francescoli. Plus tard, il donna d'ailleurs le prénom d'Enzo à son premier enfant.

Après différents clubs de quartier, sa formation s'effectua à l'AS Cannes, où il débuta également comme professionnel. Au terme de la saison 1990-91, l'AS Cannes termina 4e et se qualifia pour la Coupe de l'UEFA. Mais un an plus tard, ce fut la 19e place et la relégation en D2.

Zidane fut courtisé par plusieurs clubs. À l'OM, l'entraîneur Raymond Goethals le trouva… trop lent. Les Girondins de Bordeaux sautèrent sur l'occasion durant l'été 1992. C'est là que l'entraîneur Rolland Courbis, lui aussi d'origine marseillaise, lui donna son surnom de Zizou. Les Girondins remportèrent la Coupe Intertoto 1995, et dans la foulée, atteignirent la finale de la Coupe de l'UEFA 1996 (défaite face au Bayern Munich).

Sa carrière internationale débuta au lendemain du douloureux échec contre la Bulgarie qui priva la France de la Coupe du monde 1994. Pour son premier match, le 17 août 1994 dans « son » Parc Lescure à Bordeaux, il inscrivit deux buts contre la République tchèque alors que la France était menée 0-2. Il inscrivit aussi le premier but du Stade de France lors de son inauguration, en match amical contre l'Espagne (1-0), le 28 janvier 1998. La France enchaîna Coupe du monde 1998 et Euro 2000.

Entretemps, Zidane avait été transféré à la Juventus de Turin durant l'été 1996. Il y fut deux fois champion d'Italie en 1997 et 1998, et deux fois finaliste de la Ligue des Champions, ces mêmes années. En 2001, il fut transféré au Real Madrid pour 75 millions d'euros. C'était à l'époque le transfert le plus cher de l'histoire du football. Zidane y remporta sa seule et unique Ligue des Champions en 2002. En finale contre le Bayer Leverkusen (2-1), il inscrivit le but de la victoire d'une reprise de volée qui, aujourd'hui encore, est considéré comme l'un des plus beaux de la compétition et de la carrière de Zidane.

La Coupe du monde 2002 et l'Euro 2004 furent autant de fiascos. Zidane annonça une première fois la fin de sa carrière internationale. Le 3 août 2005, il revint toutefois sur cette décision. Il joua encore avec les Bleus jusqu'à ce fameux 9 juillet 2006. Son palmarès renseigne 108 sélections. Zidane laisse le souvenir d'un footballeur au toucher de balle exceptionnel. Ses passements de jambes et surtout sa « roulette » étaient ses gestes techniques préférés. Mais il était également un joueur impulsif : pas moins de 14 cartons rouges durant sa carrière. Aujourd'hui, Zidane vit à Madrid. Le 1er juin 2009, il fut nommé conseiller du président Florentino Pérez. Puis, directeur sportif du Real Madrid le 7 juillet 2011. Et le 26 juin 2013, entraîneur adjoint de Carlo Ancelotti.

Bibliographie

Henri Quiqueré, Les conquérants de l'arc-en-ciel, Miroir du cyclisme, 1984.

Henri Quiqueré, Tour de France 1903-1983, Les vainqueurs, des géants et des hommes, Messidor, 1983.

Robert Chapatte, Jean-Paul Ollivier, Dominique Grimault, Jacques Augendre, Roger Bastide, Histoire du cyclisme, La maison du sport, 1988.

Paul Fournel, Anquetil tout seul, Seuil, 2012.

Jacques Goddet, L'équipée belle, Robert Laffont/Stock, 1991.

Pierre Bilic, Mes champions d'alors, Editons Journal des 3 Frontières, 1993.

Robert Parienté, Serge Laget, Alain Billouin, Alain Luzenficher, journalistes et photographes de l'Equipe, L'Equipe, 50 ans de sport, Diffusion Calmann-Lévy, 1993.

Bernard Hinault, Le peloton des souvenirs, Robert Laffont, 1988.

Willy Anseeuw, Claude Degauquier, Rik Van Looy, Empereur, Editions Coups de pédales 1999.

Claude Degauquier, Les stars du cyclisme belge, Editions Coups de pédales, 1993.

Didier Malempré, Joseph Bruyère, Editions Luc Pire, 2008.

Théo Mathy, Dictionnaire des sports et des sportifs belges, Editions Paul Legrain, 1982.

Christian Hubert (avec la collaboration de **Pierre Bilic, Bernard Cerf, Ronny Ceuleers, Dominique Delhalle, Bruno Govers, Jean Lafleur, Rik Lamoral, Maurice Loiseau, Stéphane Thirion), 100 ans de journalisme sportif, Sportspress.be, 2013.** Archives de Sport/Foot Magazine 75 anos del Real Madrid, Prensa Espanola S.A., 1977.

Christian Hubert, 50 ans de Coupe du Monde, Arts et Voyages, 1978.

La Suisse, Coupe du Monde 1974, Sigloch Service Edition, 1974.

Jacques Ferran, Le Grand Livre de la Coupe du Monde, Calmann-Levy, 1978,1982, 1986 et 1990.

L'Équipe, Les Jeux Olympiques, d'Athènes à Athènes 1896-2004, Calmann-Levy, 2004.

Bob Geuens, Les Légendes du Basketball, Editions J. Hoste, 1975.

Jean-Luc Thomas, Le basket américain, Editions Ramsay, 1991.

Dominique Paganelli, Libre Arbitre, Actes Sud, 2006.

Zvonimir Simunec, We will be the World Champions 1970, Intermedianetwork, 2013.

Pierre Cangioni, La fabuleuse histoire de la boxe, Editions O.D.I.L., 1977.

Jacques Mazeau, Les destins tragiques du sport, Editions Hors Collection, 1998.

Yannick Seigneur, A la conquête de l'impossible, Flammarion 1976.

Alain Colas, Cap Horn pour un homme seul, Flammarion, 1977.

Mike Horn, Conquérant de l'impossible, X O Editions, 2005.

Mike Horn, Latitude zéro, X O Editions, 2001.

Philippe Croizon, J'ai traverse la Manche à la nage, Jean-Claude Gawsewitch Editeurs, 2012.

Gérard d'Aboville, Seul, Robert Laffont, 1992.

Nando Parrado, Miracle dans les Andes, Grasset et Fasquelle, 2007.

Christian Marty, L'Atlantique à mains nues, Hachette/gamma Press, 1982.

Éric Tabarly, Victoire en solitaire, Arthaud, 1964.

Ehard Loretan et Jean Ammann, Ehard Loretan, les 8000 rugissants, Editions La Sarine, 1996.

Reinhold Messner, Everest sans oxygène, Arthaud, 1979.

Reinhold Messner, Nanga Parbat, Arthaud, 2010.

René Desmaison, 342 heures dans les grandes Jorasses, Hoëbeke, 2002.

René Desmaison, La montagne à mains nues, Flammarion, 1972.

Steve Fossett, Mes 116 records du monde, en mer et dans les cieux, Editions Scali, 2007.

Maurice Herzog, Annapurna, premier 8000, Arthaud, 2005.

Table des matières

IMPRIMÉ EN CE
DÉPOT LÉGAL: 2014